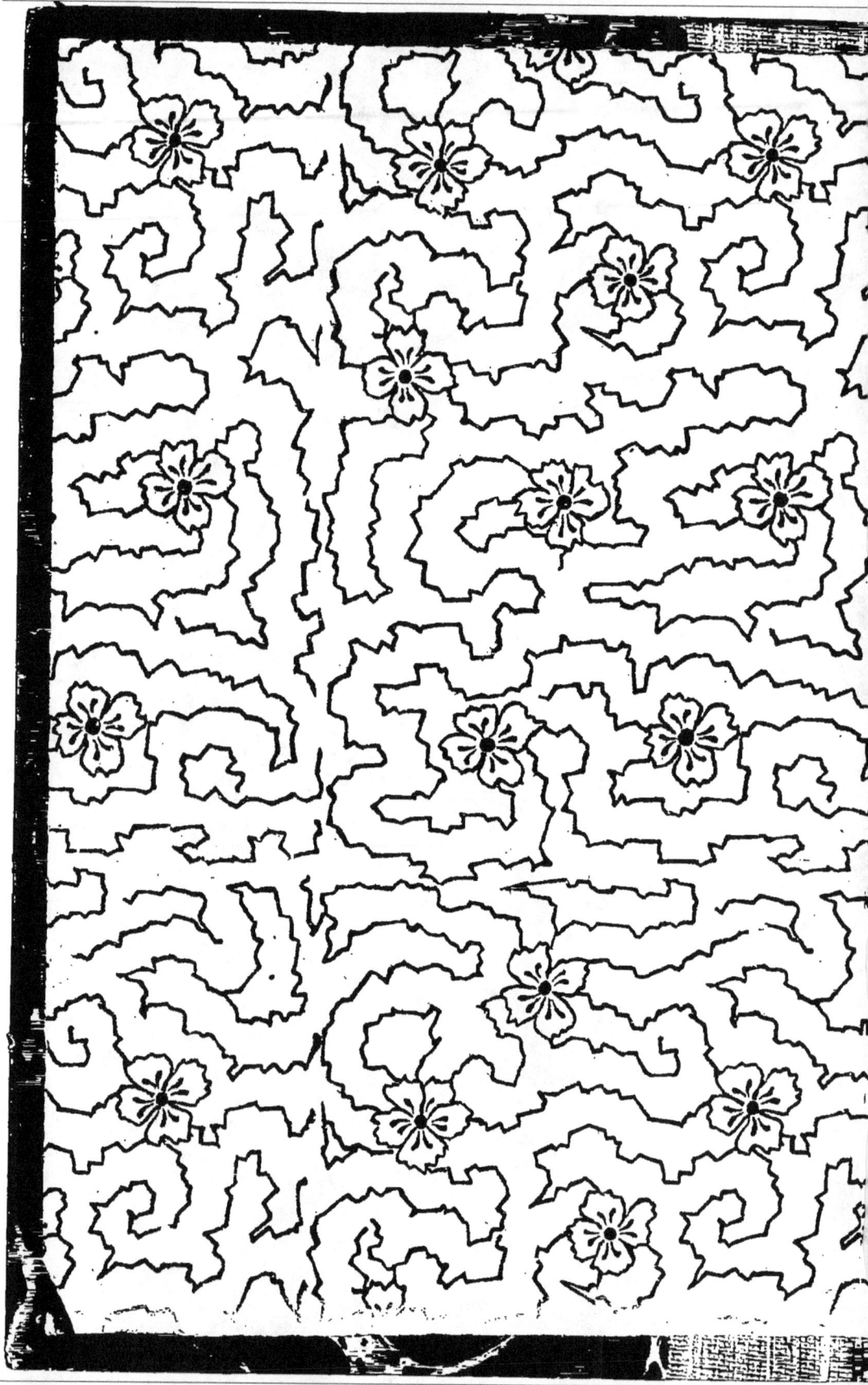

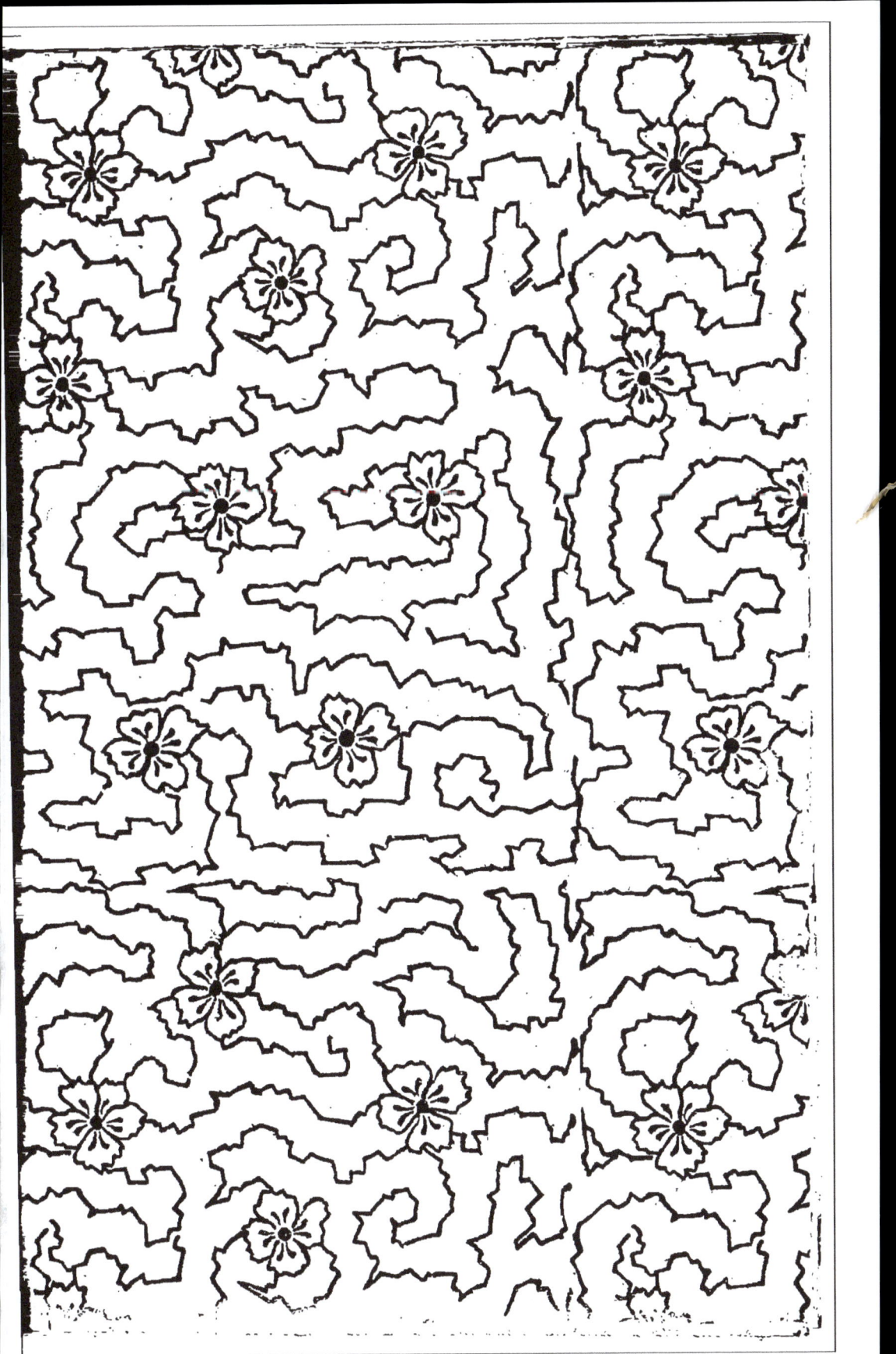

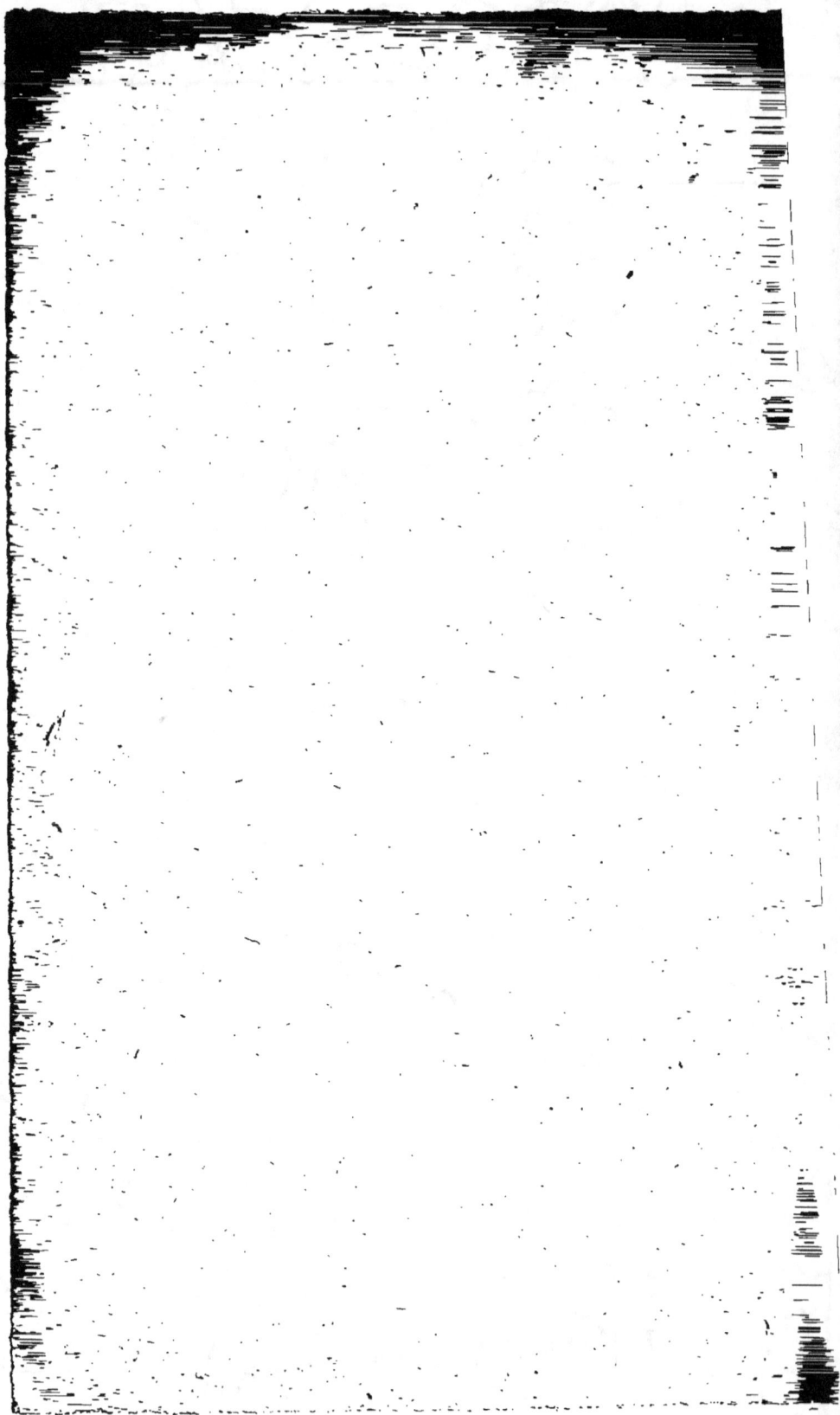

23

DESCRIPTION NAÏVE ET SENSIBLE

DE LA FAMEUSE ÉGLISE

Vert

SAINTE-CÉCILE D'ALBI

ÉDITION NOUVELLE

publiée par

EUGÈNE D'AURIAC

PARIS

ACADÉMIE DES BIBLIOPHILES

En sa Librairie, rue de la Bourse, 10

M DCCC LXVII

DESCRIPTION

DE

SAINTE-CÉCILE D'ALBI

ACADÉMIE DES BIBLIOPHILES

Société libre

POUR LA PUBLICATION A PETIT NOMBRE DE LIVRES RARES
OU CURIEUX.

—

DÉCLARATION

« Chaque ouvrage appartient à son auteur-éditeur. La Compagnie entend dégager sa responsabilité collective des publications de ses membres. »

(Extrait de l'article IV des Statuts.)

—

JUSTIFICATION DU TIRAGE.

250 exemplaires sur papier vergé.
10 exemplaires sur papier de Chine.

N°

DESCRIPTION NAÏVE ET SENSIBLE

DE LA FAMEUSE ÉGLISE

SAINTE-CÉCILE D'ALBI

ÉDITION NOUVELLE

publiée par

EUGÈNE D'AURIAC

PARIS

ACADÉMIE DES BIBLIOPHILES

En sa Librairie, rue de la Bourse, 10

—

M DCCC LXVII

1867

LA Description *que nous publions aujour-d'hui est la reproduction fidèle d'un manuscrit appartenant à la bibliothèque d'Alby, où il est inscrit sous le n° 97. Ce manuscrit n'est lui-même qu'une copie prise sur l'original jadis possédé par M. de Rochegude. Ainsi placé à la disposition de tous les littérateurs et bien connu dans la ville, il a souvent été mis à contribution, et tous ceux qui ont étudié l'histoire d'Alby reconnaissent qu'on lui a maintes fois fait de larges emprunts. Cependant, avant notre première publication, personne n'avait jamais songé à le faire entièrement connaître, soit à cause de son style lourd et souvent embarrassé, soit peut-être aussi parce qu'on n'en avait pas compris toute l'importance.*

Après nous, M. César Daly commença, dans son excellente Revue de l'Architecture et des Travaux publics, *la publication de cet intéressant manuscrit. Nul mieux que le savant architecte n'était en mesure d'exécuter une pareille entreprise; nul n'était plus capable de faire comprendre ce travail souvent inintelligible, en l'accompagnant de dessins et de notes archéologiques. Malheureusement M. Daly s'est arrêté au tiers environ de cette étude, sans aborder la description des peintures de la grande voûte, et tous les véritables amateurs de l'art le regretteront autant que nous.*

Mais parce qu'une main manque à l'œuvre, il ne faut pas que l'œuvre périsse ou reste même en souffrance. Il ne faut pas qu'un document précieux, intéressant pour l'histoire de l'art, puisse toujours demeurer ignoré du plus grand nombre.

Quand l'essor intelligent du luxe public et privé ramène à l'étude des époques où l'art décoratif jetait tout son éclat, quand chacun cherche à remonter vers la source des idées que le passé nous a transmises sous mille formes ingénieuses, on ne doit négliger aucun texte ni aucun document. Au moment où la facilité des communications permet aussi aux voyageurs et aux étrangers de venir visiter la magni-

fique basilique de Sainte-Cécile, quand une foule d'artistes et de fidèles demandent chaque jour l'explication des belles peintures qui décorent la voûte de l'église, il est du devoir de l'éditeur de remettre au jour un ouvrage dont on a si bien senti la grande utilité.

C'est dans ce double but que je donne cette nouvelle édition, complétée, du reste, par quelques notes auxquelles mes recherches et mes travaux particuliers sur la cathédrale d'Alby donneront, je l'espère, un certain intérêt.

Il ne faut pas se le dissimuler toutefois, le travail que nous reproduisons ici n'a pas été terminé : c'est un examen imparfait de la cathédrale ; mais, malgré cette imperfection, c'est encore la seule description exacte et complète des peintures de Sainte-Cécile. Il est également nécessaire de déclarer tout de suite que cette description a été faite par un certain Bernard de Boissonnade, docteur et avocat au parlement de Toulouse, qui l'écrivit en 1684.

L'auteur, après avoir fait connaître le portique, l'escalier, le portail et les peintures de la voûte, suspend son œuvre pour nous donner quelques détails sur certains évêques du diocèse d'Alby, puis il s'arrête tout à coup. L'œuvre reste ainsi inachevée, et, quels qu'en soient la forme et le style, nous devons regretter que Me de Boissonnade n'ait pu continuer son examen « naïf et sensible ». Il nous aurait ainsi décrit, avec ses croyances et sa simplicité, toutes les chapelles de la cathédrale ornées de leurs vieilles peintures, le vaste tableau du Jugement dernier, qui existait alors dans son intégrité, l'admirable chœur construit sous Louis d'Amboise, et le délicieux jubé si plein de grâce et de légèreté.

Tout le monde sait quel rôle important jouait autrefois la peinture dans la décoration de nos cathédrales. Presque toujours les sculptures extérieures et les bas-reliefs étaient peints et dorés, ainsi qu'on a pu le constater aux portails de Notre-Dame de Paris, de Saint-Germain-l'Auxerrois, des cathédrales de Chartres, d'Amiens, et sur la façade de Notre-Dame de Dijon. On voyait encore à l'intérieur des teintes de toutes nuances se développer sur les moulures, et de charmantes arabesques décoraient souvent aussi les colonnes. Mais l'on admirait surtout les sujets religieux représentés sur les larges surfaces des murs, et l'on s'extasiait devant les belles voûtes, où figuraient des étoiles d'or sur fond d'azur, pour retracer la voûte des cieux à l'imagination des fidèles. Enfin, les statues elles-

mêmes étaient peintes, et elles resplendissaient non-
seulement des couleurs les plus vives, mais encore
de l'éclat de l'or et des pierreries.

J'avais plusieurs fois étudié ces détails artistiques
et archéologiques, lorsque M. le ministre de l'in-
struction publique et des cultes me fit l'honneur de
me charger, en 1851, de la recherche des documents relatifs à l'histoire de la cathédrale d'Alby.
J'eus alors l'occasion de visiter avec le plus grand
soin Sainte-Cécile, et je ne saurais jamais rendre
l'impression que produisit sur mon âme la vue des
peintures si remarquables qui font l'ornement de
cette magnifique cathédrale. Ces peintures, uniques
en France, font avec juste raison la gloire d'Alby,
et depuis le jour où les voies ferrées conduisent
jusqu'à cette ville, j'ai reconnu avec bonheur que
l'amour de l'art est presque général en France. Pas
un voyageur ne passe sans s'arrêter pour admirer
la vieille église, décorée de si belles peintures par
des artistes attirés à prix d'or de l'Italie.

Toutes les chapelles de cet édifice sont peintes
depuis le haut jusqu'en bas, et des inscriptions
dessinées au sommet de chacune d'elles renferment
quelquefois une indication précieuse à recueillir, et

souvent une prière. Malheureusement quelques restaurations, peu en harmonie avec l'œuvre des anciens
artistes, font regretter que des mains inhabiles aient
osé profaner ces monuments, empreints d'autant de
foi que de talent. Mais en levant les yeux vers le
ciel, en apercevant cette voûte étincelante, on oublie
les imperfections, et l'on reste ravi devant une
immense page représentant l'histoire de Dieu et de
son peuple depuis le jour de la création.

Je ne saurais analyser ici ces riches peintures, qui
datent des dernières années du XVe et des premières
années du XVIe siècle. Il me suffit de déclarer que
le jour où je fus assez heureux pour les contempler,
je me crus seulement alors, pour la première fois,
dans un temple digne de la grandeur et de la majesté
de Dieu. J'aurais voulu retracer cette œuvre admirable afin de la faire connaître à tous, et je déses-
pérai un instant de pouvoir en donner même un
simple aperçu. En proie à cette pensée, je feuilletais
les manuscrits de la bibliothèque d'Alby, lorsque
j'eus la satisfaction de rencontrer le petit opuscule
de Me de Boissonnade. Je le copiai sur-le-champ.
Je l'ai annoté depuis et rectifié en bien des points,
et je le donne aujourd'hui, avec le regret de ne pou-

voir le faire accompagner de la représentation fidèle des peintures de Sainte-Cécile, que l'on peut sûrement appeler les merveilles d'Alby.

Les *vicissitudes de la* Description naïve et sensible de Sainte-Cécile *furent, à ce qu'il paraît, assez étranges.* Me *Bernard de Boissonnade nous le dit lui-même à deux reprises dans son ouvrage. Son premier manuscrit lui ayant été soustrait, il crut devoir le recommencer ; mais un jour il retrouva sa première copie, et c'est à ce double travail que l'on doit certaines répétitions dans le commencement de l'œuvre que nous publions.*

Ayant ainsi reconstitué la description de l'église, l'auteur prit le parti de confier son manuscrit à un sien ami, prêtre de la cathédrale, lequel écrivit une note que l'on remarquera à la dernière page de l'ouvrage.

*Grâce à cette précaution et au soin que l'auteur eut de dater son travail à la fin de l'*Avant-propos, *non-seulement nous possédons l'œuvre originale, mais nous savons encore qu'elle fut composée pendant les mois de mai et juin 1684.*

J'aurais voulu compléter ces renseignements par

quelques notes sur l'auteur, qui paraît avoir laissé
d'autres écrits; mais toutes mes recherches sont
restées sans résultat. Seulement, je crois devoir
ajouter que, dans ma pensée, la famille de Boissonnade était originaire de Castelnaudary. On trouve,
en effet, dans les archives du parlement de Toulouse,
un sieur Jean de Boissonnade, nommé, le 1er décembre 1679, maître particulier de Castelnaudary.
Ce Jean était fils de Jean-François, décédé le 8 octobre 1677, et il fut père d'un autre Jean-François
de Boyssonnade (sic) qui devint maître des eaux
et forêts de Castelnaudary.

Ces renseignements, si minimes qu'il soient, gui-
deront peut-être quelque érudit dans des recherches
auxquelles j'ai dû renoncer avec peine, et aideront
sans doute à la découverte d'un document propre à
fournir des indications positives sur l'auteur de la
notice que je fais connaître au public.

Après avoir exprimé ce regret, je dois ajouter que
la Description naïve et sensible est entièrement
distincte des publications précédemment faites sur
la cathédrale d'Alby. Dans un ouvrage imprimé
en 1858 (1), j'ai parlé de l'ancienne église seule-

(1) Histoire de l'ancienne cathédrale et des évêques d'Alby.
Paris, Imprimerie impériale, 1858, 1 vol. in-8.

ment, de celle qui a cessé d'exister vers la fin du
XIIIe siècle. Si j'y ai précieusement recueilli les
moindres vestiges des premières constructions du
monument, j'ai dû surtout rechercher les faits historiques, dont je n'ai nullement à m'occuper ici.

Quant au manuscrit de Me de Boissonnade, il
énumère et décrit avec autant de soin que de fidélité
les peintures de l'immense voûte de l'église actuelle.
Il contient aussi une description des statues qui
décoraient au siècle dernier la porte d'entrée for-
tifiée, placée au côté méridional de l'église. Il en
donne le symbole, il en décrit les costumes ; enfin,
il se termine par quelques notes biographiques sur
les évêques d'Alby qui succédèrent à ceux par les
ordres desquels les peintures et autres travaux d'art
de la cathédrale furent exécutés. Cependant un grand
nombre de dates fournies par l'auteur sont inexactes,
et cela n'a rien qui puisse étonner, car Me de Boissonnade dut écrire d'après des notes incomplètes.
Mais j'ai pu facilement rectifier les erreurs et rétablir
presque toujours la vérité, à l'aide des textes authen-
tiques conservés à la Bibliothèque impériale.

En résumé, cette deuxième édition, devenue nécessaire, a exigé de nouvelles recherches, un nouvel
examen des faits et des lieux. Assurément elle ne

sera pas plus fidèle que la première, mais elle sera plus complète, plus riche de notes et d'observations. J'ai donc l'espoir qu'elle pourra ainsi être également utile aux artistes, aux historiens, et peut-être aussi aux amateurs curieux de connaître les richesses « de la fameuse église Sainte-Cécile d'Alby »

EUGÈNE D'AURIAC.

AVANT-PROPOS

UNE première ébauche des beautés de l'église Sainte-Cécile s'étant égarée par un accident dont il est fait mention ci-après (1), et l'ayant retrouvée fortuitement dans son original, que l'auteur croyait avoir perdu, il a jugé à propos de la mettre ici en forme de préface portant, comme elle fait, que :

Son architecture est aussi solide qu'agréable et belle, si bien que l'un ne déroge point à l'autre ; et c'est là comme le premier concert, pour le dire ainsi, que celui de la solidité et de la beauté de sa bâtisse au dehors, qui commence à sa première vue de conspirer agréablement à

---

(1) Le manuscrit avait été dérobé à l'auteur par un membre du chapitre de la cathédrale.

former ses premières beautés, qui, avec celles du
dedans, merveilleuses et surprenantes, la rendent en effet un miracle entre toutes les églises
de France et de l'Europe.

Elle est bâtie d'une brique massive et enflammée, semblable à celle dont la première ville du
monde (1), par son antiquité, son luxe et sa
gloire, quoique profane, se trouve avoir été bâtie; et la première de France par son ancien-
neté (2) et sa première gloire, à l'exemple de
Babylone, dont Ausone a dit :

Coctilibus muris quam circuit ambitus ingens (3);
Qu'un mur de terre cuite enceint pompeusement.

Cet ouvrage, par sa consistance, sa fermeté et
sa couleur, a défié les injures du temps, de même
que la pierre la plus solide et le marbre le plus

(1) Le poëte Ausone a dit en parlant de Rome :

Prima urbes inter, Divum domus, aurea Roma.

AUSONII *Opera recens.* J.-B. SOUCHAY, Par., 1730, p. 209.

(2) L'auteur ne se montre pas très-fort en archéologie en
considérant Sainte-Cécile comme la plus ancienne église de
France. Sans sortir de Toulouse, peut-être sa ville natale, il
pouvait admirer un magnifique monument, la basilique de
Saint-Sernin, qui est antérieure de plusieurs siècles.

(3) Ce n'est pas au sujet de Babylone, mais bien à propos

animé, depuis près de quatre siècles (1), qui, comme lui portant quelque respect, ne l'ont aucunement changé, altéré, ni amoindri dans sa beauté.

Son architecture, diversifiée au dehors par autant d'ancoules (2) que sa nef a de chapelles au dedans (3), forme d'elle-même une vue et un aspect agréables, dont la perspective cause du plaisir, soit de près ou de loin, par ses demi-

de Toulouse, qu'Ausone a écrit ce vers. Les murs de cette ville étaient en briques, et le poëte a pu dire :

> Non unquam altricem nostri reticebo Tolosam,
> Coctilibus muris quam circuit ambitus ingens,
> Perque latus pulchro prælabitur amne Garumna...
>
> AUSONII *Opera*, p. 220.

Je ne t'oublierai jamais, Toulouse, ô ma ville nourricière, qu'une grande enceinte de murs de brique environne, et dont la belle Garonne baigne un des côtés.

(1) Les fondements de la cathédrale d'Alby furent jetés vers l'an 1277, au commencement de l'épiscopat de Bernard de Castanet. L'auteur écrivant en 1684, il y avait donc bien effectivement quatre siècles d'écoulés depuis le commencement de la construction de Sainte-Cécile.

(2) Ce mot, que l'on ne trouve dans aucun des dictionnaires anciens ou modernes, est plusieurs fois employé par l'auteur, qui lui donne la signification d'un enfoncement produit par la saillie des contre-forts ou des murs des chapelles.

(3) On compte vingt-neuf chapelles dans l'intérieur de l'église.

obélisques fréquents et dans une distance égale, qui ont tous la même forme ; je veux dire d'être émoussés et coupés par le haut sans pointe pyramidale (1), pour n'interrompre point la continuité de son couvert égal, bien fait et bien entretenu.

A l'un de ses bouts est son clocher, au haut duquel on arrive par un escalier qui a trois cent soixante-six marches : il est assis en carré ou cube parfait sur quatre ou cinq grandes et belles

---

(1) M. Prosper Mérimée, dans une visite archéologique faite en qualité d'inspecteur général des monuments historiques, fut frappé de cette forme des contre-forts semi-circulaires de Sainte-Cécile, qu'il dit être sans exemple en France, et il pensa avec raison, selon nous, que l'architecte, se défiant de ses matériaux, avait voulu éviter les angles saillants, trop prompts à se détériorer. M. César Daly dit à son tour que cette disposition singulière s'explique par la destination demi-militaire de Sainte-Cécile, ses contre-forts étant des tourelles engagées. Maintenant une opinion assez générale dans Alby veut que le plan des premiers architectes ait été d'élever tous les contre-forts au-dessus de la toiture, et d'en former autant de tourelles pyramidales, semblables à celle qui se trouvait à l'extrémité orientale de l'édifice. Cette malheureuse pensée a fini par prendre un corps, et, en 1851, tandis que j'admirais l'élégante, gracieuse et légère voûte due au talent de M. César Daly, j'ai appris qu'on allait travailler à l'élévation des « demi-obélisques, émoussés et coupés par le haut sans pointe pyramidale. » Préoccupé de cette pensée, j'ai voulu plusieurs fois revoir, examiner et bien comprendre cette œuvre de reconstitution. Or, ces divers

galeries (1) qui, étant à ses côtés, le ceignent et l'environnent de toutes parts, et terminent agréablement ses fréquentes reprises et les divers couronnements de bâtisse magnifique faite de la même brique que ses murs. Ce beau clocher est appuyé sur deux grandes colonnes en pyramide, du côté du couchant d'été ou septentrion, qui ont servi autrefois de bornes fameuses à deux grands et florissants États, le royaume de France, et le comté de Tholose, qui comprenait alors le Languedoc, le Quercy, et une partie de la Guyenne (2).

examens m'ont pleinement convaincu que l'on ne pouvait trouver de meilleur modèle pour terminer la cathédrale que les bâtiments de l'archevêché et quelques parties de la tour de l'église. Il suffisait donc d'élever les contre-forts, qui auraient été joints par une galerie continue, et on aurait dû se garder surtout d'élever une foule de pyramides qui n'ont aucune raison d'être. En ne consentant pas à les laisser *émoussés et coupés par le haut*, comme ils l'ont été pendant quatre siècles, on commet une grande erreur et on lègue un mensonge à la postérité. Je persiste enfin à dire que c'est une déplorable idée d'avoir voulu *embellir* un édifice auquel on n'avait primitivement voulu donner aucun ornement extérieur, et qui, dans l'esprit de ceux qui le construisirent, devait avoir plutôt l'aspect d'une forteresse que celui d'une église.

(1) Il n'y a pas de doute possible; on compte *quatre* galeries seulement au clocher, formé d'autant d'étages en retraite.

(2) Ce lieu avait jadis marqué la limite des deux juridic-

Mais, quoique ce beau clocher forme tous les jours un rare spectacle à la vue, c'est principalement la veille de sa sainte patronne (1), à l'entrée de la nuit, où ce beau clocher, couronné tout autour, sur ses quatre ou cinq galeries, de mille flambeaux allumés par le zèle de ses chanoines, qui ressemblent à autant de prélats par leur dignité et leur gravité, fait la figure noble d'une colonne enflammée et semblable à peu près à celle qui conduisait la nuit le peuple élu de Dieu dans les ténèbres et la vaste obscurité du désert. Et c'est de quoi nous avons vu une merveilleuse expérience, à l'occasion du feu de joie que son vénérable chapitre fit paraître sur ce clocher, comme sur le plus beau théâtre d'une pareille action, pour la naissance de monseigneur

tions d'Alby et du Castel-Viel. A la fin du XIIe siècle, on y avait dressé un pilier portant au sommet les armes de Toulouse, comme celles du seigneur souverain, puis, d'un côté, celles de l'évêque d'Alby, et de l'autre celles de Raymond-Trencavel, vicomte de Béziers, de Carcassonne et d'Alby. Plus tard, quand Guillaume Petri fit bâtir les *fondements du clocher*, à la suite des guerres contre les Albigeois, cet évêque ordonna de placer en deux endroits, sur la muraille de la ville, les armes de Toulouse et de France, et ces insignes servirent dès lors à désigner les nouvelles limites tracées entre les deux États. — *Histoire de l'ancienne cathédrale et des évêques d'Alby*. In-8, Paris, Impr. impériale, 1858, p. 64.

(1) Le 21 novembre, veille de Sainte-Cécile.

le duc de Bourgogne, au commencement du mois d'octobre 1682 (1). De quoi nous avons fait la *description* ailleurs (2), et dit entre autres, sur cette naissance, que c'était, comme a dit Virgile du fils d'un proconsul romain :

. . . . *Magnum Jovis incrementum* (3).

L'accroissement nouveau de nos grands demi-dieux.

Et fait ces vers français pour l'illumination de ce beau clocher sur cet emblème latin, que nous avons donné pour le dessin de ses feux de joie et d'artifice qui les accompagnèrent, avec l'approbation des directeurs de ces feux. L'emblème latin étant tel :

Lapsa iterum summo Francis tria lilia Cœlo.

Sur l'allusion des trois personnes royales avec

(1) Louis, duc de Bourgogne, fils du Dauphin et de Marie-Anne-Christine-Victoire de Bavière.

(2) Cette description paraît avoir eu un sort moins heureux que celle de Sainte-Cécile d'Alby. Non-seulement on n'en trouve nul indice dans les bibliographies, mais nous n'en avons vu aucune trace parmi les indications de manuscrits inédits.

(3) P. Virgilii Maronis *Bucolica*. Ecloga IV. Pollio, v. 49.

les trois lis donnés du Ciel à la France (1), au commencement de sa monarchie chrétienne.

Et les français, ceux-ci sur ce sujet :

Ces trois lis que le ciel donne encore à la France,
Le clocher de Cécile avec magnificence
Les étale à l'éclat de ses mille flambeaux,
Qui de nos feux de joie ont les brillants plus beaux.
L'air retentit du bruit que de six pyramides
Il répand dans les airs par des flammes liquides,
Où du faîte orgueilleux formant un mont Gibel (2),
De ses feux il paraît éclairer jusqu'au ciel,
Les voix, les instruments, des clairons l'harmonie,
Montrent dans tout son corps une ardeur infinie
Qui se produit par là vers ses trois potentats,
Que le nombre divin destine à ses États.
Ils sont du nom chrétien et l'honneur et la gloire,
Et tout jusqu'à présent consacre leur mémoire.
Cécile est un miracle entre les plus saints lieux ;
Son zèle est sans égal envers nos demi-dieux.

(1) Les trois lis dont parle B. de Boissonnade étaient :
1º Louis XIV, né le 5 septembre 1638, qui monta sur le trône le 14 mai 1643 et mourut le 1er septembre 1715 ; 2º le Dauphin, dit Monseigneur, qui vit le jour le 1er novembre 1661 et mourut le 14 avril 1711 ; 3º le duc de Bourgogne, qui était né le 6 août 1682, et dont la mort arriva le 18 février 1712, moins d'un an après son père.

(2) L'auteur veut parler ici sans doute du mont Etna, dont

Ses cloches au reste, particulièrement la grande, qui lui fut donnée par Mgr. Aymar de Gouffier, évêque d'Albi (1), le 18 avril 1527, et consacrée le Jeudi saint de cette même année, portant les

il connaissait probablement la dernière éruption, survenue en 1669, et qui fit périr vingt mille hommes. Mais je dois faire remarquer que les mots *Mont Gibel* ne peuvent être placés à la suite l'un de l'autre, car le deuxième n'est que la répétition du premier. L'Etna est appelé par les Arabes جبل *Gibel* ou *Djebel*, d'un mot qui signifie montagne, et qui entre dans la composition d'un grand nombre de mots en arabe. Ainsi Gibraltar vient de جبل طارق *Djebel-Tarik*, montagne de Tarik, du nom du premier général qui conduisit les Maures en Espagne. جبل نور *Djebel-Nour*, le mont de la lumière, est une montagne où l'ange Gabriel, selon les musulmans, apporta le premier chapitre du Coran à Mahomet. جبل القمر *Djebel-oul-Kamr* désigne la montagne de la Lune, en Afrique, où les Orientaux placent les sources du Nil; etc.

(1) Aimar Gouffier, successeur de son frère Adrien Gouffier, dit le cardinal de Boissy, avait pris possession de son siége le 24 juin 1524. Il appartenait à cette famille de Gouffier, originaire du Poitou, qui occupa les plus hautes dignités sous Louis XII et François Ier. Artus de Boissy était grand maître de la maison du roi. Guillaume Gouffier, dit l'amiral de Bonnivet, perdit la vie le 24 février 1525, à la malheureuse journée de Pavie, qu'il avait conseillée. Louis Gouffier fut chanoine de la Sainte-Chapelle, conseiller au parlement et abbé de Cormery. Enfin, Pierre Gouffier mourut le 8 janvier 1517, après avoir été pendant douze ans abbé de Saint-Denis.

armes de cet évêque, ont un air de majesté et quelque chose de céleste et d'auguste. Aussi impriment-elles par leur son grave et majestueux dans l'esprit des étrangers qui ne les ont plus ouïes (1), comme ceux qui sont en état d'y faire réflexion, l'admiration, le respect, et comme une vénération anticipée des merveilles que cette sainte église contient au dedans de son enceinte ; et cela même après qu'on a ouï la grande cloche toulousaine (2), quoiqu'elle semble la mère de toutes les autres par sa grandeur et sa grande cordelière, qu'on croit avoir été portée des cieux tant elle a le son noblement éclatant et élevé.

Mais, venons à sa première et grande entrée, que la libre et riche enfilade de deux larges et grandes rues rend extrêmement agréable au premier abord, quand on va à cette église. Elle présente d'abord une première façade et ouverture de cinquante degrés d'une montée douce et insensible (3), qui conduisent à son porche, large

(1) C'est-à-dire, qui ne les ont jamais entendues.

(2) La *Cardaillac* sans doute. Jean de Cardaillac, archevêque de Toulouse, mort le 7 octobre 1390, avait fait don à l'église Saint-Étienne de la grosse cloche qui porta son nom, et qui fut refondue en 1531 par les soins de Jean d'Orléans, nommé plus tard cardinal de Longueville.

(3) L'escalier a été changé, et n'a plus aujourd'hui que trente-trois marches faciles à monter sans aucun doute, mais

de douze pas en carré, sans compter l'enfoncement qui conduit aux portes des deux côtés, celui de la main droite à l'église, et celui de la
gauche à son cimetière ; et sans parler encore
d'une petite porte carrée qu'on trouve plutôt à
la main gauche, au bout de ces cinquante degrés, par où l'on entre au lieu des assemblées de
chapitre (1).

Ce porche, couvert ou plutôt couronné d'un
ciel ouvert, est borné de quatre pyramides dis-
posées à ses quatre angles. Les deux du côté de
son cimetière sont entièrement exposées à la vue,
et les deux de la main droite ne se voient qu'à
demi seulement, l'autre moitié étant couverte et
suppléée par l'aspect du grand mur de l'église,
où elle se trouve enchâssée. Et c'est de ce côté
qu'est le second portail qui introduit dans cette
belle église. Ces quatre pyramides de son porche (2) sont rehaussées et enrichies de quantité
de beaux fleurons qu'on a taillés et comme semés

offrant quelques difficultés pour porter divers objets dans les
processions.

(1) Le cimetière et la salle des assemblées du chapitre
n'existent plus aujourd'hui.

(2) Ce magnifique portique sculpté avec une délicatesse
de goût, une variété et une perfection de dessin remarquables, fut commencé sous Louis d'Amboise Ier et continué
par ses successeurs. On a représenté à la partie supérieure

près à près d'une ciselure grande et belle autant qu'elle est hardie pour sa façon, quoique d'un art et d'une beauté communs, au prix de l'art miraculeux du dedans de l'église et de son chœur, où le ciseau, conduit par la main d'un excellent ouvrier, a employé toute sa finesse et toutes ses délicatesses comme à l'envi du plus délicat pinceau.

Le faîte et le comble de ces pyramides sont faits d'un même art et de la même ciselure que leur corps, finissant par de grands bouquets de pierre qui les couronnent agréablement et les embellissent beaucoup.

Au bout et à front de ces cinquante degrés ou marches qui conduisent à ce beau vestibule, qu'elles ornent et font paraître singulièrement par la beauté spacieuse de leur avenue, comme étant toutes d'une même largeur et d'une élévation fort douce et commode, on voit une chapelle d'une grandeur considérable (1), qui occupe

des quatre piliers de ce portique, les armes de quatre évêques cardinaux de cette église : Louis d'Amboise, Adrien de Gouffier, Antoine Duprat et Jean de Lorraine.

(1) Cette chapelle, fondée en 1521 par Me Cueysse, chanoine de la cathédrale, n'existe plus depuis longtemps. Elle était fermée d'une simple balustrade en fer, et ainsi exposée au mauvais temps. « Mais, » dit le *Procès-verbal de la visite faite en* 1698, par Mgr Legoux de la Berchère, « elle est

et va de pair avec toute la largeur et la capacité
de ce vestibule remarquable singulièrement par
l'art de sa voûte, qui est composée de quantité
de petits arceaux artistement élaborés et cousus
en forme comme d'un petit labyrinthe ; en telle
manière qu'il semble que l'ouvrier ait voulu s'é-
gayer là par avance et comme pour préluder ou
faire un premier essai des merveilles du dedans
de cette église ; et pour la rendre encore plus
recommandable que par son art, après la sainteté du lieu, nous y ajouterons ce que nous en
avons déjà dit au commencement de la *Description universelle* de cette église :

> Et c'est sous cette chapelle
> Qu'est la dépouille mortelle
> Du savant et pieux Paulet (1),
> Grand ornement de cette église,

bien bâtie, voûtée, carrelée et blanchie. Les arêtes de la voûte
à compartiments sont d'un ordre singulier et délicatement
travaillées. » On peut voir cette chapelle figurée sur le plan
imprimé dans l'*Histoire générale du Languedoc*, t. IV, p. 39.
M. César Daly a aussi donné le plan de la cathédrale actuelle
dans sa *Revue de l'Architecture et des Travaux publics*, t XV,
1857, p. 250.

(1) La chapelle de Cueysse était destinée à la sépulture
des bénéficiers du bas chœur, à moins qu'ils ne la deman-
dassent ailleurs. — *Procès-verbal de la visite faite par Mgr Legoux de la Berchère*. Ms. de l'arch. d'Alby.

Dont l'estime nous favorise
Pour un aussi digne sujet.

Ce qui suffira pour cet Avant-propos : et il est temps aussi de venir à la description principale et à la peinture parlante et sensible de ses autres beautés.

M. Bernard de Boissonnade, docteur et avocat au parlement de Tholose, a fait la Description de la fameuse église métropolitaine d'Albi, comme elle suit, dans les mois de mai et juin de l'année mil six cent huitante-quatre.

DESCRIPTION NAÏVE ET SENSIBLE

DE LA FAMEUSE ÉGLISE

SAINTE-CÉCILE D'ALBI

ᏣᎬᏔᎤ

L'ÉGLISE Sainte-Cécile d'Albi, qui est une des plus belles de France pour sa grandeur (1) et sa consistance, fut premièrement fondée par saint Clair, premier évêque d'Albi (2), sous le titre de Sainte-Croix, dont elle conserve encore religieusement les marques par la croix à cordons pendants que son illustre cha-

(1) Elle a cent six mètres de longueur, vingt-huit mètres quinze centimètres de largeur, et trente mètres vingt-cinq centimètres du pavé à la voûte.

(2) Nous croyons avoir suffisamment établi dans un autre ouvrage que cette fondation n'est pas plus prouvée que le titre de premier évêque donné à S. Clair. Ce saint personnage doit être principalement regardé comme l'apôtre de l'Aquitaine. — *Histoire de l'ancienne cathédrale et des évêques d'Alby*, p. 2.

pitre porte encore dans ses armes, ainsi qu'il se voit en plusieurs endroits de cette église. Celui qui changea depuis son nom fut Mre Bernard de Castanet, évêque d'Albi au XIIIe siècle, qui, au commencement de son épiscopat et en l'an 1282, en fit la dédidace à sainte Cécile, et en posa la première pierre le 15 d'août de cette année, après avoir célébré la sainte messe, entre dix et onze heures de ce jour-là (1).

Cette église fut encore desservie pendant près de quatorze cents ans par les religieux et chanoines réguliers de l'ordre de Saint-Benoît, qui composaient son chapitre avant sa sécularisation, que cet évêque procura et obtint à Rome du pape Boniface VIII sur la fin de l'année 1295 (2), d'où étant de retour il fit solennellement la dé-

(1) Les faits qui précèdent sont erronés. Rien ne prouve la date précisée ici pour la fondation de la cathédrale. De nombreux documents attestent en outre que l'ancienne église fut toujours dédiée à sainte Cécile, et non à la sainte Croix. — *Histoire de l'ancienne cathédrale et des évêques d'Alby*, p. 5 et seq., p. 166 et seq.

(2) La bulle de sécularisation du chapitre est du 4 des calendes de janvier (29 décembre) 1297. Constatons également que Bernard de Castanet avait résidé à Rome avant sa nomination à l'évêché d'Alby; mais il se borna à envoyer un chargé de pouvoirs auprès du pape pour soutenir la demande de réformation faite par les chanoines de l'église. — *Histoire de l'ancienne cathédrale*, p. 161.

dicace de cette église, comme il l'avait pro-
jeté, sous le nom et en l'honneur de sainte
Cécile, vierge et martyre, et convoqua son
clergé, où il fit prendre résolution que chaque
ecclésiastique et bénéficier de son diocèse con-
tribuerait d'une certaine portion du revenu de
son bénéfice (1), pour sa construction et bâtisse, qui dura deux cents et quelques années (2).
Cette portion ayant été ensuite comme prescrite
par la jouissance d'un temps immémorial que le
chapitre ou l'évêque en ont faite, a été depuis
unie et incorporée à la masse de l'évêché, d'où
vient en partie sa richesse et la pauvreté des
bénéficiers de son diocèse (3).

(1) Les chanoines et tous les autres ecclésiastiques, à
l'exemple de l'évêque, avaient fait l'abandon du vingtième
de leurs revenus.

(2) La cathédrale, commencée vers l'an 1277, fut consacrée par Louis d'Amboise 1er le 23 avril 1480.

(3) A l'époque de la sécularisation du chapitre, Boniface VIII avait élevé le nombre des chanoines à trente et un;
mais le 2 juillet 1400, l'évêque Dominique de Florence les
réduisit à vingt et un, à cause de leur peu de revenus. —
Bullæ et Statuta pro ordinatione ecclesiæ Albiensis, p. 172,
à la suite de *l'Ordonnance de Mgr Legoux de la Berchère en
conséquence de sa visite*. Alby, 1701.

Nous ne saurions établir d'une manière certaine le rapport
des biens de la cathédrale d'Alby à cette époque. Cependant
nous croyons faire plaisir à nos lecteurs en leur donnant un
aperçu de la fortune de cette église vers la fin du siècle

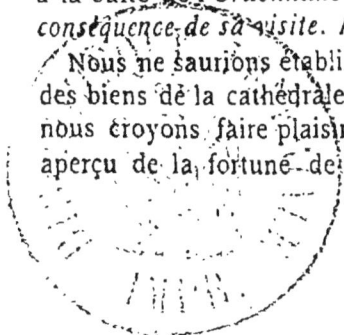

Sa bâtisse ayant donc été commencée en cette manière fut continuée, premièrement jusqu'à Dominique de Florence, religieux de Saint-Dominique, qui fut deux fois évêque d'Albi, Limosin d'origine et confesseur du pape Grégoire XI, aussi Limosin (1). Cet évêque régit l'évêché en tout trente-trois ans et plus (2). La construction

dernier. Ainsi nous savons que les revenus de l'ancien archevêché d'Alby étaient, au moment de la Révolution, de . . . . 120,000 fr.   » c.

Le revenu brut du chapitre, d'après une déclaration authentique, datée du 30 janvier 1791, était de. 132,216   80

Les officiers du bas chœur, payés sur la mense capitulaire, recevaient un traitement qui variait selon l'importance de leur emploi. Le montant de ces traitements, joints aux autres charges du chapitre, est porté dans ladite déclaration à la somme de. 60,027   95

Il restait donc au chapitre comme total du revenu net. 72,188   85

Laquelle somme était divisée en vingt et une portions égales ; la première était donnée au collége d'Alby pour la prébende préceptoriale, et les vingt autres étaient partagées entre les chanoines, au même nombre, y compris l'archevêque.

(1) Pierre Roger, neveu de Clément VI, né en 1332, près de Limoges, et élu pape en 1370, sous le nom de Grégoire XI, en remplacement d'Urbain V.

(2) Ce prélat fut appelé à monter sur le siége d'Alby pour

de son église étant alors avancée, cela l'obligea
de faire bâtir, à la première entrée, ce premier
portail qui regarde la grande place d'Albi (1).
Là, comme religieux de Saint-Dominique, il fit
mettre en relief l'image de saint Dominique (2),
son patriarche, qui le présente à sainte Cécile,
non à Notre-Dame, comme quelques-uns ont
cru par erreur, suivant les inscriptions que portent ces images, que l'auteur a fait déchiffrer et
vérifier; saint Dominique, figuré debout et pré-
sentant l'évêque à genoux, porte celle-ci sur sa
manche : *Hunc tibi dono, mater, quem dudum
alui pater,* qui ne signifient, comme il est visible,

---

la première fois en 1379; puis il fut transféré trois ans
plus tard à l'évêché de Saint-Pons-de-Tomières. Il redevint
évêque d'Alby en 1397, et passa enfin quelques années après
à l'archevêché de Toulouse. Durant ses deux épiscopats,
Dominique de Florence ne gouverna l'église d'Alby que pendant quinze ans environ.

(1) C'est un vaste portique surmonté de créneaux et de
mâchicoulis. L'un des côtés s'appuie au mur de l'église, et
l'autre à une tourelle, dernier vestige du mur d'enceinte
qui défendait la cathédrale. Ce gracieux monument, qui a
été critiqué par quelques archéologues, est élevé de dix
marches au-dessus du sol. Malgré les dégradations qu'il a
subies, nous l'avons toujours considéré comme une œuvre
d'art très-remarquable.

(2) Fondateur de l'ordre des Dominicains ou Frères Prê-
cheurs, établi à Toulouse en 1215 et approuvé la même
année par le pape Innocent III.

que la redevance que cet évêque rend à son patriarche saint Dominique, pour l'avoir donné de son ordre à l'évêché d'Albi.

Cet évêque, à genoux, portant pour inscription, représenté comme il est aux pieds de sainte Cécile, figurée au milieu de ce grand portail : *O alma sancta Cæcilia, sis mihi quæso propitia!* qui ne signifie autre chose, si ce n'est : « O bienheureuse sainte Cécile, soyez-moi, s'il vous plaît, favorable! » comme l'inscription de saint Dominique signifie : « Mère, je vous donne celui que j'ai longtemps nourri et élevé comme père. »

Avec la bâtisse de ce portail, où l'on vient par la grande et spacieuse enfilade d'une belle et large rue qu'il a en perspective, et qui, se faisant jour à travers la grande place de cette ville, perce jusqu'à la rue opposite, de l'autre côté de la place, qui conduit aux deux grandes églises de Saint-Salvy à sa droite, et de Sainte-Martianne à sa gauche, on voit quinze ou seize personnages relevés en bosse à l'entrée de cette première entrée, d'une pierre ferme et grisâtre, comme noircissant par les injures du temps où ils sont exposés (1).

---

(1) Toutes les statues qui décoraient cet édifice ont disparu. Les niches sont vides, et la plupart des dais de ces niches ont été mutilés. C'est une perte sans doute, mais une perte

On y voit d'abord l'image de sainte Cécile, tenant le milieu et ayant au-dessus de sa tête deux anges en grand qui tiennent chacun une couronne, en posture et action de l'en vouloir couronner (1).

Au côté droit de sainte Cécile sont cet évêque à genoux dont nous venons de parler, qui lui est présenté par saint Dominique, son patriarche et patron, de qui il porte le nom ; et à côté de saint Dominique est représenté de même saint Louis, évêque de Tholose (2), comme il paraît par l'inscription qui est à ses pieds, et lui, sur

qui n'a point été jugée irréparable. En effet, il y a quelques années on a eu la bonne pensée de rétablir le portail de Sainte-Cécile, et l'artiste chargé de ce travail de restauration s'est heureusement inspiré des charmants détails de sculpture qu'il avait sous les yeux. Bientôt il ne restera plus, pour reconstituer entièrement l'œuvre de la fin du XIVe siècle, qu'à replacer dans leurs niches les saints personnages dont on va voir les noms conservés par Bernard de Boissonnade.

(1) L'arceau de l'intérieur est appuyé sur deux bas-reliefs formant chapiteaux et représentant sainte Cécile tenant un luth entre ses mains.

(2) Louis d'Anjou de France, fils de Charles II, roi de Sicile, était âgé de vingt-deux ans lorsqu'il fut nommé à l'évêché de Toulouse par le pape Boniface VIII, qui priva ainsi le chapitre du droit d'élection. A cette époque, Louis avait fait vœu de se faire religieux de Saint-François, et il n'accepta l'évêché de Toulouse qu'après avoir été revêtu de

une chaise à bras, revêtu pontificalement, sans crosse pourtant ni bâton pastoral, comme n'ayant pas juridiction particulière sur Albi.

Après saint Louis, évêque de Tholose, et de ce même côté de la main droite, est représenté un chanoine de Sainte-Cécile à genoux, avec son aumusse au bras, en posture d'un homme qui prie ; et il y a des manuscrits d'Albi qui portent « avec un habit et rochet, tel qu'ils le portaient du temps qu'ils étaient chanoines réguliers de Saint-Benoît, » ce qui est vrai. Après saint Louis, évêque de Tholose, est figuré, de ce même côté et à l'extrémité du cercle que forment les saints représentés aux deux côtés de sainte Cécile, saint Bernard, comme un saint qui avait déjà affermi par ses prédications la véritable religion en cette ville (1).

l'habit de cet ordre. Sacré à Rome le 24 décembre 1296 par le pape lui-même, il prit aussitôt possession de son siége ; mais il rencontra des difficultés sans nombre, des ennuis et des tourments qui le déterminèrent à aller déposer sa démission entre les mains du pape. Il mourut pendant son voyage à Brignoles, en Provence, le 19 août 1297, et fut inhumé dans l'église des Cordeliers de Marseille. Jean XXII canonisa, en 1317, ce jeune évêque, que l'Église honore sous le nom de saint Louis de Marseille.

(1) Saint Bernard vint prêcher à Alby contre la doctrine des Henriciens en 1145, et non 1147, ainsi que l'affirment tous les historiens. — *Histoire littéraire de la France*, t. XII. — *Histoire de l'ancienne cathédrale d'Alby*, p. 55.

De l'autre côté, et à la main gauche de sainte Cécile, est l'image de sainte Magdeleine, comme d'une sainte qui a sa paroisse dans Albi, au bout de son pont , sur la rivière du Tarn , qui baigne et arrose le pied de ses murailles. Après sainte Magdeleine est le relief d'un autre évêque, sans nom ni inscription, qui, apparemment, représente saint Salvy de cette ville, qui fut renvoyé du paradis en ce monde, étant mort une première fois (1), pour être évêque d'Albi, après une vacation de cinquante ans de siége. Saint Clair, qui en fut le premier évêque, n'ayant laissé d'autre vestige de son épiscopat dans cette ville que la gloire qu'on lui donne d'y avoir porté la foi, n'y ayant pas fini ses jours, mais du côté d'Auch ou Lectoure en Guyenne (2), où

(1) Salvius avait exercé une des premières charges de la magistrature, lorsqu'il se décida à embrasser la vie religieuse. Il se retira dans la solitude 'avec quelques amis ; mais un jour, à la suite d'une maladie, il tomba en une sorte de léthargie qui le fit considérer comme mort. Ses compagnons se disposaient à l'ensevelir, lorsque, à leur grande surprise, Salvius reprit ses sens et raconta à ses frères une merveilleuse vision qu'il avait eue dans ses accès de fièvre. Cet événement assez peu ordinaire fut considéré comme un miracle, appuyé d'ailleurs par la réputation de sainteté de Salvius. L'attention générale se porta sur lui, et le peuple le tira enfin de sa retraite pour le placer sur le siége épiscopal d'Alby.

(2) Cette pensée de l'auteur est assez conforme à l'opinion

3

la soif du martyre, dans cette première ferveur des chrétiens, lui fit aller chercher une mort glo-rieuse.

Après ce saint évêque, il y a un autre cha-noine à genoux, les mains jointes, en la même posture et de la même qualité du premier, avec son aumusse au bras; et après lui, un autre religieux de l'ordre de Saint-Dominique, qu'on croit être saint Vincent Ferrier, ou quelque autre de cet ordre.

Au-dessous de saint Dominique, et sur le cercle inférieur, au côté droit d'en bas de sainte Cécile, sont représentés, à prendre des pieds de la sainte jusqu'à l'extrémité du cercle, saint Jac-ques le Majeur, saint Pons et saint Thomas d'Aquin, figuré avec l'habit de saint Domini-que (1), et le soleil, qui fait le symbole parti-

déjà émise par nous, que saint Clair doit être moins regardé comme le premier évêque d'Alby que comme l'apôtre de l'Aquitaine. Envoyé dans les Gaules pour y porter la lumière de l'Évangile, il parcourut la Narbonnaise avant d'entrer dans l'Albigeois, visita ensuite les villes de Bourges, Limoges, Périgueux, Bordeaux, Auch, et enfin Lectoure, où il trouva le martyre.

(1) Saint Thomas d'Aquin. l'homme le plus savant et peut-être aussi le plus profond théologien de son temps, qui s'était fait dominicain, afin de satisfaire son goût pour l'étude. En 1272, il fut envoyé par son ordre à Naples, pour y pro-fesser la théologie.

uoculier de sa science et de ses lumières qui ont déclairé tout le monde de sa doctrine, au milieu de l'estomac.

Et au-dessous de sainte Magdeleine, de l'autre côté et au cercle inférieur, sont ces trois saints, chacun avec quelque marque de son martyre ou de sa sainteté, qui le peut distinguer des autres, saint Jean l'évangéliste, saint Tiburce et saint Walérian (1); et saint Pierre martyr, encore de l'ordre de Saint-Dominique (2), désigné par un glaive court, dont il a le tranchant à travers et par-dessus la tête.

Tous les religieux de cet ordre, qui sont là représentés, ne démontrent autre chose que la prédilection que le bienfaiteur et l'auteur de ce portail avait pour cet ordre, dont il était. Ils forment là comme autant de ses blasons, n'en ayant point d'autre, en qualité de religieux de saint-Dominique, qu'il a toujours fait gloire de porter, bien qu'il ait été deux fois évêque d'Albi, comme il a été dit en sa Vie, et enfin évêque ou

---

(1) Valérien, noble romain, avait épousé la vierge Cécile. Cédant aux exhortations de sa femme, il se convertit, ainsi que son frère Tiburce. Ils reçurent le baptême des mains du pape saint Urbain, et furent décapités auprès de Rome, par ordre d'Almachius, préfet de la ville.

(2) Sans doute Pierre Gonçalès, religieux dominicain, mort à Tuy, en Galice, le 15 avril 1240.

archevêque de Tholose (1), ce qui l'a obligé de
faire mettre l'image de saint Louis, son évêque,
après la sienne.

಄ಜ಄ಜ಄

Après avoir donné une première et sensible
idée de ce grand et premier portail qui nous
conduit à cette belle église par un vaste et large
degré excédant la capacité de ce portail de cinquante marches, de la même pierre grisâtre et
solide, de quatre à cinq doigts de hauteur chacune, qui font la montée si douce, à prendre
même de la rue jusqu'à son grand et beau
porche qui est au bout d'en haut; on peut dire
de ce beau degré, formant le vestibule de cette
belle église, par où l'on commence de prendre
une noble et grande idée de ses beautés, ce
qu'un auteur, ingénieux et pieux tout ensemble,
a dit de quelques collines dans la paraphrase du
Benedicite omnia opera Domini Domino :

> Qu'on y monte avec un travail
> Plus doux que n'est le repos même.

(1) Le siége de Toulouse avait été érigé en archevêché au
commencement du XIVe siècle par le pape Jean XXII, en

Lorsque vous avez surmonté, sans y penser, la hauteur commode de ces cinquante degrés, par le plaisir anticipé que vous avez pris de l'admirer avec la perspective du grand et beau porche qui est au bout, que nous avons décrit ailleurs assez exactement (1), vous songez encore à la beauté de l'aspect du dehors de cette belle église et de son grand et magnifique clocher, composé entre autres de deux pyramides qui ont fait autrefois les bornes de deux grands États florissants à la fois, de la France et du comté de Tholose, avant leur union (2), que nous

faveur de Jean de Comminges. Dominique de Florence fut appelé à ce siège en 1410, et il mourut au mois de décembre 1422.

(1) Avant-propos, p. 21.

(2) Nous avons déjà dit que, du temps de l'évêque Guillaume Petri, on avait placé en ce lieu des poteaux pour indiquer les limites des deux États. La vieille cathédrale se trouvait ainsi à l'extrémité du territoire d'Alby et touchait presque à la commune du Castel-Vieil. Ajoutons encore qu'à l'époque de la construction de la nouvelle église, le clocher fut également bâti au même lieu, de manière à représenter une forteresse opposée au château dit le Castel-Vieil. Mais cette disposition eut un grave inconvénient : elle empêcha de placer la porte principale sous le clocher et l'entrée de la cathédrale se trouva ainsi sur le côté méridional, parce que, si la porte eût été pratiquée à l'extrémité du monument, elle se serait ouverte sur un autre territoire que celui sur lequel l'église a été bâtie.

avions décrits avec plaisir et complaisance, sensiblement et en état de donner quelque grâce à
la peinture parlante de cette illustre église, dans
un manuscrit qui nous a été enlevé par un
homme des plus illustres en toute façon du chapitre vénérable de cette église. Quoique tout le
monde ne révère pas son mérite comme nous
faisons, et violant en cela les lois de notre respect par une action plagiaire aussi petite et basse
que celle-là, à quoi l'on dit pourtant qu'il est
assez accoutumé, il nous a enlevé notre œuvre,
ce dont un aussi grand personnage que lui se
pouvait bien passer, autant pour sa gloire que
pour la justice où sa profession l'engage particulièrement de rendre à chacun ce qui lui appartient. Si ce n'est l'effet d'une maladie d'esprit,
qu'on dit qu'il a de croire que tout ce qui lui
agrée d'autrui est à lui, et qu'on lui dérobe tout
ce qu'il trouve bien fait qui ne vient pas de lui, à
moins que, suivant son humeur, il ne trouve lieu
et occasion de le déchirer par sa censure et son
chagrin critique.

Mais, quoique ce petit chef-d'œuvre de notre
façon sur ce sujet nous ait été enlevé en cette
manière, nous ne laisserons pas d'en dire quelque
chose en ce lieu.

Au bout de ces cinquante degrés, par où l'on
monte à cette église, en venant du côté de la

grande place d'Albi, on se trouve sous un porche spacieux et beau qui a une chapelle (1) assez grande à front, dont la voûte et les nombreux et petits arceaux en forme de labyrinthe agréable semblent former un prélude charmant à nos yeux de ce qu'on ne voit pas encore de plus beau du dedans de cette église :

> Et c'est là, dans cette chapelle,
>   Qu'est la dépouille mortelle
> Du savant et pieux Paulet (2),

(1) Dans cette chapelle il y avait certaines fondations, entre autres celle de Me Cueysse, qui obligeait le bas chœur à une grande messe tous les lundis. Or, comme les ecclésiastiques y étaient exposés à toutes les intempéries des saisons, Mgr Legoux de la Berchère en transféra les obits, en 1698, à la chapelle de Saint-Clair, qu'il avait fait non construire mais ouvrir sous le clocher. « Nous transférons semblablement, dit l'archevêque, à ladite chapelle de Saint-Clair, les obits qui se chantaient cy-devant par le Bas-Chœur à la chapelle dite de *Cueysse*, hors de l'église, à cause que ladite chapelle est trop ouverte et trop incommode, sans néanmoins que le Bas-Chœur soit dispensé de faire l'absoute dans ladite chapelle de Cueysse, sur la tombe du fondateur. » — *Ordonnance de monseigneur... Legoux de la Berchère.* Alby, 1701, p. 79.

(2) Antoine Paulet, dont Me Bernard de Boissonnade vante pour la seconde fois le talent et les vertus, était prêtre de l'église cathédrale d'Alby, et connu dans la ville comme tra-

Grand ornement de cette église,
Dont l'aveu saint nous favorise
Sur un aussi digne sujet.

Mais, quoique ses cendres soient là en dépôt,
ses vertus et l'exemple de sa piété le font et
feront encore vivre bien avant dans les siècles à
venir, où elles perpétueront son nom autant que
son digne successeur.

Ce porche est fait en forme de ciel ouvert (1)

ducteur en vers latins de la *Pucelle* de Chapelain. Je n'ai
trouvé dans les bibliographies aucune trace de cet ouvrage,
sans doute resté manuscrit et peut-être perdu aujourd'hui.
Julien d'Héricourt, dans son *Histoire de l'Académie de Sois-
sons*, parle ainsi du traducteur et de l'ouvrage : « *Antequam
Albia abiremus, in notitiam veni Antonii Pauleti presbyteri,
qui, Joannis Capellani, Parisiensis academici, de Viragine
Aurelianensi carmen heroicum vernacula lingua scriptum, in
latinam transtulit, mira elegantia versibusque plane Virgi-
lianis.* » — JULIANI HERICURTII, *De Academia Suessionensi,
cum Epistolis ad familiares.* Montalbani, 1688, p. 48.

(1) Cet ouvrage, étonnant de grâce et de délicatesse,
malgré les dégradations qu'il avait subies, paraissait destiné
à être couvert d'une voûte ou d'un baldaquin ainsi que
semblaient l'indiquer les pierres d'attente que l'on voyait il
y a quelque temps encore. Le temps et les hommes le dété-
rioraient chaque jour, aussi bien que le portique de Dominique de Florence ; mais les restaurations que nous réclamions
en 1857 ont été depuis lors entreprises, et ces deux monuments d'architecture, si précieux et surtout si rares dans le

qui se trouve borné aux quatre angles d'autant de pyramides d'une belle et solide pierre qui semble mépriser les injures du temps où elle est exposée, ciselées de quantité de gros festons qui règnent tout du long jusqu'à leur sommet, qui finit par un gros bouquet de la même ciselure, hardie et beaucoup moins délicate que celle du dedans de l'église, qui a peu de pareilles.

❧

Entrant enfin dans cette église par sa grande porte du milieu, qui est au côté droit de son vaste et ample porche, on est d'abord tout surpris de l'aspect de sa riante, saintement pompeuse, riche et superbe nef, où l'on ne voit d'abord que de l'or et de l'azur dans les miracles nombreux de ses admirables peintures (1).

midi de la France, seront très-prochainement rétablis. Aujourd'hui le baldaquin du porche est réédifié. L'on va même compléter la restauration de ce délicieux souvenir archéologique du XVᵉ siècle, en plaçant divers personnages de chaque côté de la porte de l'église : à droite, saint Salvi, saint Eugène, saint Amarant; à gauche, sainte Sigolène, sainte Carissime, sainte Martianne.

(1) Les peintures qui décorent la voûte de Sainte-Cécile forment le plus grand ouvrage à fresque qui ait jamais été fait Après plus de trois siècles, on est étonné de leur fraî-

Mais, pour revenir de ce charme anticipé qui nous porterait loin, entrant dans cette belle nef, on ne sait d'abord qu'admirer davantage, ou la richesse de sa matière qui paraît à nos yeux, ou la beauté de sa forme, et particulièrement celle de sa voûte, la symétrie de son art, juste de tout point, de ses grands et petits arceaux, ou la variété charmante de sa peinture, rehaussée de tout ce que l'art a de plus fin et de plus illustre, sans parler de sa richesse, qui fait ses

cheur et de leur éclat. On croit généralement à Alby que le bleu des fresques a été fait avec du pastel, tandis que M. Mérimée pense qu'on a dû employer du cobalt ; enfin, d'après une analyse chimique faite par M. Limouzin-Lamothe, d'Alby, et confirmée par M. Filhol, professeur à Toulouse, ce bleu proviendrait de carbonate de cuivre hydraté. Quoi qu'il en soit, ce qui nous reste d'anciennes peintures en France ne peut être comparé à celles d'Alby ; et les nouvelles paraissent ternes auprès des brillantes couleurs de notre cathédrale. Notre-Dame de Lorette, la coupole de Sainte-Geneviève, la Madeleine et les fresques de la chapelle du Purgatoire ne pourront jamais rivaliser avec Sainte-Cécile.

« Rien en France, » disent les auteurs des *Voyages pittoresques dans l'ancienne France* (Languedoc), « ne peut être comparé à cette magnifique décoration. Dans toute sa longueur, cette voûte n'offre qu'un immense tableau que les nervures divisent en brillants compartiments. Tout ce vaste champ est peint en azur, et sur ce fond d'outre-mer une riche imagination a fait courir, avec une grâce infinie, d'élégants rinceaux d'acanthe, dont les enroulements sont remplis de sujets tirés des livres saints. Des images allégo-

moindres ornements. On ne sait encore si l'on doit plutôt admirer la piété ingénieuse et édifiante des termes et sentences de l'Écriture, avec les plus justes applications qui s'en peuvent faire, qui frappent partout les yeux et le cœur des regardants éblouis et confus à l'aspect de tant de choses merveilleuses.

Ces merveilles surprenantes forment sur la terre, pour en dire quelque chose de remarquable dans un seul mot, une image sensible du paradis et de la gloire céleste dans cette belle

riques y sont représentées avec un sentiment profond du sujet, et toujours heureusement inventées dans l'intérêt bien entendu de l'unité des décorations du temple. Les arabesques sont rehaussées d'or; les moulures des nervures, les arêtes des voûtes sont dorées; mais ce ne sont point de longues lignes riches seulement du brillant métal qui les recouvre, elles présentent des encadrements ornés avec un goût exquis. Cet ouvrage inouï est dû à des artistes qui appartenaient à la brillante aurore des arts de l'Italie, et dont les études s'étaient formées devant les fresques admirables qui couvrent tant de monuments élevés sur cette terre, la plus riche peut-être et la plus parée du monde entier. »

Terminons en ajoutant que ces ravissantes peintures furent faites par des artistes venus d'Italie, sous l'épiscopat de Louis d'Amboise II et de Charles de Robertet, qui furent successivement évêques d'Alby de 1503 à 1515. Quelques-uns nous ont laissé leur nom ; mais le plus grand nombre s'est borné à tracer dans les diverses chapelles de l'église des chiffres, des monogrammes ou des sentences pieuses.

église, comme dans une nouvelle Sion, aussi bien que du culte éternel et des adorations continuelles que les saints et les anges du ciel rendent à Dieu dans le séjour de l'éternité bienheureuse.

Mais, pour démêler en quelque manière tant de choses miraculeuses de cette agréable confusion et de ce désordre charmant, par où elles se présentent en foule à nos yeux, dont elles semblent briguer toutes à la fois les suffrages jusqu'à rendre notre choix indéterminé pour aucune d'elles sur le reste, il nous faut emprunter ici, pour n'en être pas ébloui, les yeux de l'aigle, de la nature et de la grâce tout ensemble, pour envisager avec les yeux de la foi autant qu'avec ceux du corps.

❧❧❧

Premièrement, à commencer par un bout et par l'endroit principal de la voûte de cette église avec ordre, la représentation sensible du Fils de Dieu éternel, le sauveur du monde, au milieu de cette voûte et à son extrémité, entre les deux premiers grands arceaux ·répondant sur le grand autel du chœur. Tout au milieu donc de ces deux grands arceaux, qui répond au centre du presbytère et au Saint des saints de notre loi de grâce, le Sauveur du monde est figuré dans sa gloire, couvert d'une robe azurée, tenant un grand livre de sa main droite, ouvert et appuyé sur ses genoux, et la main gauche levée. Il est entouré d'un triple nuage de chérubins enflammés, à qui les feux de leur amour pour Dieu donnent un saint empressement de s'approcher de sa divine humanité ; et cette triple nuée de chérubins est encore bornée de séraphins en grand, qui semblent terminer ce cercle lumineux environnant le Fils de Dieu (1).

La fonction suréminente de leur ordre et de leur hiérarchie les distingue des chérubins par la couleur d'un blanc de neige et par l'intégrité de leur stature, au lieu que les chérubins ne montrent que le visage et les ailes, l'un et l'autre de la couleur du feu ; et cela, sans doute, comme les séraphins étant seulement occupés à

(1) L'histoire sacrée nous parle constamment de ces êtres spirituels qui prennent leur place parmi les anges, et que nous ne pouvons nous représenter qu'en leur donnant un corps, une apparence se rapprochant de notre nature. On a pensé que Dieu, ayant voulu être adoré sur la terre, avait conservé des adorateurs dans les régions célestes. On a admis aussi que celui qui a peuplé les espaces matériels de corps si habilement variés ne devait pas avoir laissé inhabités les espaces immatériels. Il créa donc le monde des esprits, aussi variés que les étoiles du firmament, et dont la subtilité, l'intelligence et la pénétration doivent être autant

la connaissance et au recueillement des lumières de la divinité du Sauveur, lumières qu'ils impriment par le rejaillissement de sa gloire et de sa divinité présente dans le fond de leur substance angélique, comme dans un cristal pur et net, et dans un miroir très-luisant qui en prend facilement les saintes et bienheureuses impressions.

Autour de ce centre merveilleux et visible du paradis, que le Fils de Dieu dans sa gloire représente avec ses chérubins et ses séraphins; mais avec cette différence qui se voit par leur situation auprès du Fils de Dieu, que l'aimant violent de l'amour fait approcher les chérubins de plus près de la Divinité que l'excellence même des lumières et des connaissances ne le permet aux séraphins; que le respect et l'éblouissement que ce soleil de justice leur cause en quelque façon par trop de lumière, fait tenir comme dans

de rayons de l'intelligence souveraine. Au nombre de ces esprits célestes, nous trouvons les *chérubins,* que l'Écriture nous montre sous tant de formes différentes, et qui tiennent le second rang dans la première hiérarchie : les chérubins sont le reflet de la lumière sacrée et de la toute science. Quant aux *séraphins*, dont le nom hébreu veut dire *enflammés,* ils nous représentent la flamme ardente de l'amour infini. Ils forment le premier ordre des trois hiérarchies ou chœurs d'anges. Toujours prêts à exécuter les ordres de Dieu, ils siégent, selon Isaïe, autour du trône de l'Éternel, dont ils chantent constamment les louanges.

quelque éloignement plus modeste et plus cir-
conspect que les chérubins enflammés ne font
par l'impatience de leur amour.

Autour donc de ce centre merveilleux du
paradis, que la présence du Fils de Dieu forme
dans le milieu de cette voûte, il y a encore six
troupes ou escadres de chérubins à ses côtés,
disposés en trois troupes de chaque côté; et un
grand livre que le Fils de Dieu tient en sa main
droite contient ces mots en lettres d'or : *Ego
sum lux mundi, via et veritas* (1), voulant dire en
substance : « Je suis la lumière du monde, la
voie et la vérité. » Le tout enfermé dans un
parfait ovale, sur un champ d'azur d'outre-mer
très-pur, dont cette belle voûte est enrichie.

Au milieu du triangle que forme avec le
grand la rencontre de deux petits arceaux qui le
vont joindre aux deux bouts et aux deux côtés
de la figure du Sauveur du monde, qui ne remplit que le centre du triangle, sont peints les
quatre évangélistes de la loi de grâce, représentés par les quatre animaux du Vieux Testament (2), qui, dans Ézéchiel, portent le trône

---

(1) « Ego sum lux mundi : qui sequitur me non ambulat
in tenebris, sed habebit lumen vitæ. » *Evang. sec. Joannem,*
cap. VIII, v. 12.

(2) La figure humaine est appliquée à saint Matthieu, le
lion à saint Marc, le bœuf à saint Luc, et l'aigle à saint Jean.

de Dieu, et qui leur servent de symbole et
d'hiéroglyphe sensible : l'aigle, le lion, le tau-
reau ou le bœuf, et l'ange ayant la figure humaine (1).

Plus bas et au-dessous, dans une grande et
belle balustrade, sont les quatre docteurs de
l'Église, deux de chaque côté : saint Grégoire
le Grand avec sa triple couronne de pape, ou la
tiare en tête, et saint Ambroise avec le pallium
d'archevêque, affublés d'une grande chasuble
rouge cramoisi, du côté de l'épître : et saint Jérôme avec saint Augustin, du côté de l'évangile,
le premier couvert de la pourpre romaine de
cardinal, d'un chapeau rouge à l'antique et d'un
camail d'hermine (2); et saint Augustin, à son

(1) « Similitudo autem vultus eorum : facies hominis, et
facies leonis a dextris ipsorum quatuor ; facies autem bovis
a sinistris ipsorum quatuor, et facies aquilæ desuper ipsorum
quatuor. » (Ézéchiel, 1, 10.) Cette vision d'Ézéchiel se
retrouve encore ainsi dans l'Apocalypse de saint Jean : « Et
in medio sedis et in circuitu sedis quatuor animalia plena
oculis ante et retro. Et animal primum simile leoni, et secundum animal simile vitulo, et tertium animal habens faciem
quasi hominis, et quartum animal simile aquilæ volanti. »
(Apocal., IV, 6 et 7.)

(2) Le costume de cardinal donné à saint Jérôme est
contraire à la vérité historique : cette dignité n'existait pas
de son temps, et jusqu'au XIe siècle les membres du clergé
qui portaient ce nom furent inférieurs aux évêques. Mais
Feller nous donne dans son *Dictionnaire historique* la raison

côté, assis comme lui, de même que les précédents, derrière cette balustrade qui les contient en leur dignité, portant l'habit noir de son ordre (1) et ayant en tête une mitre d'étoffe blanche sans lustre, courte et émoussée.

Au-dessous de ces deux balustrades, et aux points d'en bas de ce grand et premier triangle d'azur, où est le Sauveur, sont Adam et Ève, en parfaite nudité, tels qu'ils furent créés, à la réserve d'un déguisement de feuillage au milieu du corps, qui les couvre en ces endroits. Adam est du côté de l'évangile, et Ève du côté de l'épître.

La figure de notre Seigneur est au milieu de ce premier arceau, ayant les pieds à l'opposite du grand autel qui est au bas, et la tête vers le chœur de l'église. Ce premier arceau, au reste, se trouve environné, comme d'autant de rayons dorés, de huit moindres et petits arceaux, enri-

---

qui a dû guider le peintre. « On représente quelquefois saint Jérôme, dit-il, en habit de cardinal, parce qu'il semblait, à quelques égards, en remplir les fonctions près du pape Damase, qui l'estimait et employait utilement ses services. » On sait en effet que saint Jérôme assista de ses conseils le pape Damase, auprès duquel il résida fort longtemps avec le titre de secrétaire,

(1) Les religieux mendiants connus sous le nom d'Augustins font remonter leur origine à une société d'ermites ou de clercs réguliers qui aurait été fondée par saint Augustin.

chis de l'éclat de ce métal précieux, qui servent comme de couronne à cette voûte; et à son extrémité d'en haut il a des fleurs de lis d'or et des arabesques rampantes de même le long de leurs côtés, pour n'y laisser rien d'oisif et sans quelque beauté, réhaussement ou enrichissure.

Au dedans de ces petits arceaux croisés au milieu, et aux entre-deux des grands premier et second, dont le fond est tout d'azur, on voit au milieu et à l'enfoncement de l'ancoule qui est à l'opposite de la chapelle d'en bas, comme un grand vase de marbre blanc, à diverses reprises, en forme d'un grand et riche obélisque, plus par l'artifice de la forme que par la richesse de la peinture, l'art surpassant partout la richesse de la matière dans cette merveilleuse église. Les obélisques qui sont au milieu des six autres sont sans armes, que les deux premiers ont, et tous ceux qui leur répondent ensuite d'un et d'autre côté, qui sont les armes d'Amboise en champ de gueules rempli de trois pals d'or (1); et le reste de la cavité et creux de ces petits arceaux est, par le dedans, rempli et diversifié d'un beau ramage en partie d'or et en partie comme du marbre blanc, qui ont au dedans deux anges, à

---

(1) Les armes de la maison d'Amboise sont ainsi figurées jusqu'à la septième ogive.

chaque côté du petit arceau, au dedans de l'ancoule, dont les uns portent des trompettes en
mains, et les autres des couronnes et des
chiffres.

Aux fond et côtés de ces petits arceaux, et au
premier du côté droit de l'évangile, est la sainte
Vierge, et à l'opposite saint Jean, en grand l'un
et l'autre ; et dans les autres, saint Pierre et saint
Paul, à l'opposite aussi l'un de l'autre ; saints
Jacques le Majeur et le Mineur, de même dans
un autre de ces petits arceaux. De l'autre côté,
les apôtres, chacun dans leur rang et ordre
de l'apostolat, au fond des autres petits arceaux
du côté droit et de l'évangile, répondent à
ceux qui leur sont opposés du côté gauche et de
l'épître.

A tout cela répond, par en bas, le grand et
magnifique autel où, pour comble de la gloire
céleste que ce lieu, fait avec tant d'art saint et
merveilleux, semble être fait pour représenter
aux fidèles et pour leur en donner avec la vénération et l'édification de leurs âmes un saint
désir, est le sacrement adorable de nos autels,
le mystère de l'homme-Dieu et de l'Agneau sans
tache, immolé sous les espèces sacramentelles
du pain sans levain en holocauste et propitiation
pour les péchés des hommes à son Père éternel.
Cet Agneau vivant, mais en posture de mort,

selon saint Jean, est couvert d'un voile blanc, tissu des entrailles précieuses de cet animal miraculeux, qui s'y ensevelit pour ressusciter de là comme un nouveau phénix et ne finir que par la profusion de sa fécondité. Ce voile d'immortalité et de résurrection est suspendu en l'air, sous le dais du grand autel, avec le corps adorable de l'Agneau dans le sacrement, qui lui sert comme d'une nue mystérieuse, où la vie miraculeuse de saint Salvy nous a représenté le séjour de la Divinité, qui est l'objet du culte de tous les saints du paradis ; ce que la voûte d'en haut nous figure par la correspondance qu'elle a avec ce centre du paradis, qu'un théologien français très-disert de notre temps nous a présenté en ces termes si élégants :

Dans le centre caché d'une clarté profonde,
Dieu repose en lui-même, et, vêtu de splendeur,
Sans bornes est rempli de sa propre grandeur.

Que la piété ingénieuse de M. Paulet a rendus dans ces vers latins si beaux et si fidèles :

Luminis arcani gremio Deus abditus alto,
In se mirifico radians splendore quiescit,
Ipse suum capiens, ullo sine lumine, Numen.

Autour de cette nue sacrée, comme d'un trône et du séjour éternel de la Divinité voilée par les propres rayons de sa gloire infinie ombragée par ce voile blanc hiéroglyphique d'immortalité, sont les vingt-quatre flambeaux innocents de cire blanche, et de la plus pure, qui brûlent in-cessamment pendant le saint sacrifice où Dieu s'est laissé pour gage perpétuel de son amour aux hommes jusqu'à la fin des siècles, suivant sa parole. Ces vingt-quatre flambeaux représen-tent les vingt-quatre vieillards de l'Écriture (1), qui s inclinent incessamment devant la majesté de Dieu, en chantant ses louanges par ce can-tique adorable où ils le nomment trois fois saint, comme réunissant en lui les trois augustes as-pects divins faisant un seul Dieu toujours ado-rable et toujours ineffable. A l'un des côtés du grand autel est un autre flambeau qui brûle inces-samment, comme le feu des anciennes vestales, pour faire honneur au saint et adorable sacre-ment caché sous ce voile blanc et suspendu sur l'autel, suivant l'usage de la primitive Église.

Mais, revenant à la voûte merveilleuse de cette église, entre ces deux grands arceaux mar-

(1) Apocal., xi, 16; xix, 4.

quetés au ciseau, sur le fond d'un beau et lui-
sant vert de mer, il y a deux petits arceaux
passés en croix, ou en sautoir, remplis de deux
grands obélisques, comme de marbre blanc, en
forme de deux grands vases couronnés par eux-
mêmes, à diverses reprises, aux deux enfoncements de l'arceau et ancoules opposites, qui
sont en travers de la voûte. Et au fond de ces
deux arceaux sont peints en grand David du côté
de l'épître, et Samuel du côté de l'évangile ; et
plus bas Jonas et Abiad, chacun de son côté ;
et dans le fond et face des deux petits arceaux
qui répondent l'un au bout du presbytère et
l'autre au chœur, quatre des premiers et principaux patriarches : Abraham, Isaac, Siméon
et Ézéchiel. Plus bas, au-dessous d'eux, les
quatre principales vertus cardinales habillées
de blanc, avec chacune une couronne d'or en
tête.

Entre le deuxième et le troisième grands arceaux, à la première face du milieu que forment
les deux petits, est le couronnement de la sainte
Vierge dans le ciel par le Sauveur du monde
son fils, le Saint-Esprit sur eux : le Sauveur,
couronné d'une couronne d'or et revêtu d'une
robe ou manteau bleu d'un riche azur, et la
sainte Vierge, comme d'un damas blanc. Le
tout dans un ovale à fond d'or, entouré d'un

double ou triple nuage de séraphins et de chérubins, dont les hiérarchies et ordres différents
sont distingués par les diverses couleurs de la
lumière et de l'amour, qui sont la blancheur et
le rouge enflammé, faisant leur portail différent
et leur propre caractère. Cette triple nue de
séraphins et de chérubins étant couronnée tout
autour de rayons d'or ; et sur le fond, qui est
d'un riche azur, comme le reste, aux deux petits
côtés, trois troupes d'anges jouant des trompettes et autres instruments.

Au-dessous, aux pointes du premier petit
arceau qui remplit le milieu des deux grands
deuxième et troisième, saint Joseph, au côté
droit, portant la verge de sa sainte vocation à
la qualité auguste d'époux de l'immaculée fleu-
rie ; et, au lieu de sa fleur naturelle, le Saint-
Esprit peint en forme de pigeon blanc, comme
la fleur surnaturelle et divine qui l'appela à ce
bienheureux état. A l'opposite de saint Joseph,
au côté gauche, est saint Jean-Baptiste.

Et au milieu des deux petits arceaux croisant
entre les deux grands, et dans les deux enfoncements qui sont au travers de la voûte, sont peints,
du côté droit, le sacrifice d'Abraham sur son fils
Isaac, sensiblement représenté, avec un grand
écrit en caractères d'or sur l'azur, au milieu
d'un carré portant ces mots de l'Écriture d'A-

braham à son fils : *Deus sibi providebit victimam
holocausti, fili mi* (1) : « Mon fils, Dieu pourvoira à sa victime et à son holocauste. » Et d'un
côté l'âne portant le bois qui lui devait servir
pour le bûcher, avec ces mots encore en or sur
l'azur : *Igitur Abraham de nocte consurgens stravit
asinum suum* (2) : « Abraham se levant la nuit
accommoda son âne pour le voyage du sacrifice ; » et de l'autre côté un paysan portant un
agneau à vendre pour les sacrifices, avec ces
mots : *Levavit Abraham oculos, et vidit post ter-
gum suum agnum inter vepres* (3) : « Abraham
leva les yeux en haut, et vit un agneau après
soi pris dans des ronces. »

Au côté opposite et au travers du chœur, on
voit Susanne représentée avec les vieillards ses
corrupteurs prétendus, et ces mots en or sur
l'azur au milieu, qui sont de sainte Susanne,
pris de l'Écriture sainte en Daniel, chap. 13 :
*Deus æterne, qui absconditorum es cognitor, qui
nosti omnia antequam fiant* (4) : « Dieu éternel,
qui vois toutes choses, quelque cachées qu'elles
soient, et qui connais tout, avant même qu'il

(1) Genes., XXII, 8.
(2) Ibid., 3.
(3) Ibid , 13.
(4) Daniel, XIII, 42.

soit fait. » Ensuite à l'un des côtés il y a : *Recte mentitus es tu in caput tuum* (1), qui sont les paroles de Daniel au premier vieillard et faux témoin contre Susanne : « Tu as fort bien menti contre ta propre tête; » et en l'autre côté il y a ces autres mots de Daniel au deuxième vieillard et faux témoin contre la pudicité de Susanne : *Angelus Domini gladium habens secet te medium* (2) : « Que l'ange de Dieu te divise en deux et par le milieu, comme tu as parlé faussement. »

Au côté et face inférieure des deux petits arceaux dessus mentionnés, se voit figurée la parabole des vierges sages et des vierges folles appelées aux noces de l'époux, mais avec un sort et un succès fort inégal. Les sages, représentées avec l'époux dans la salle du festin des noces, pavée de marbre rouge et blanc, avec un rayon ou soleil de gloire à plusieurs brillants suspendus au milieu de la salle des noces, dont elle est éclairée, avec cet écriteau au-dessous sur l'argent, en caractères noirs, pour être plus facilement lus et remarqués : *Quinque prudentes vero acceperunt oleum* (3). Et à l'opposite les vierges folles heurtant vainement à la porte et se ren-

(1) Daniel, XIII, 55.
(2) Ibid., 59.
(3) Matth , XXV, 4.

versant par terre et roulant sur les degrés, pour
monter à la salle, de regret et de désespoir,
avec cet écriteau d'anathème de l'époux au-dessous : *Amen dico vobis, nescio vos. Vigilate itaque,
quia nescitis horam* (1) : « En vérité je vous dis,
je ne vous connais pas. Veillez donc, car vous
ne savez pas l'heure de ma venue. » Et aux
deux points de ces deux petits arceaux ou face
inférieure, saint Joachim est peint à la droite, et
sainte Anne à la gauche.

Entre le troisième et quatrième grands arceaux
de cette belle voûte, il y en a comme aux autres
deux petits en croix au milieu des deux grands,
de figure oblongue, en termes de mathémati-
ques, en sautoir en termes de blason. A la face
opposite du milieu de chacun de ces deux petits
arceaux, on voit, dans celle qui regarde l'autel,
un grand vase, comme de marbre blanc, enrichi
d'or, avec deux anges derrière et une tête figurée sur un linge qui enveloppe ce vase. Du côté
du chœur, l'Agneau portant la croix d'or avec
l'étendard de la résurrection de même. Au-dessous sont peints deux prophètes, Daniel et Aba-
cuc, du côté de l'épître, et du côté de l'évangile Ozée et Aggée, qui a un écriteau à la main
portant ces deux mots : *Si Deus...* « Si Dieu... »

(1) Math., xxv, 12 13.

Au-dessus, il y a un ange dans un ramage d'or à chacun des quatre coins, qui se répondent les uns aux autres; et plus bas, vers la pointe des deux petits arceaux du côté de l'épître, la Foi et l'Espérance peintes, et du côté de l'évangile la Charité et l'Humilité avec leurs noms latins.

Aux deux faces de l'ancoule, ou enfoncement des petits arceaux, quatre sibylles : du côté de l'épître, la Persique (1) et Anne la prophétesse (2), qu'on met au rang des sibylles, comme toutes des prophétesses chrétiennes par l'unité de la religion qui croyaient toutes au Messie à venir (3). Du côté de l'évangile, la Phrygienne et la Libyque (4), chacune ayant au-dessous, dans un ramage égayé et rehaussé d'or, un ange peint de blanc.

(1) La Persique ou Chaldéenne, fille de Bérose, historien et prêtre du temple de Bélus à Babylone, se nommait Sambotha ; on lui attribue vingt-quatre livres d'oracles.

(2) « Et erat Anna prophetissa, filia Phanuel, de tribu Aser. » Luc., II, 36.

(3) Quelques Pères de l'Église dans les premiers siècles, et particulièrement saint Clément d'Alexandrie, saint Augustin et Lactance, ont cru que les sibylles avaient été inspirées de Dieu pour annoncer aux païens la venue du Messie.

(4) Outre les sibylles nommées ici, il y avait encore la Delphique, la Cuméenne, la Samienne, l'Italique, l'Hellespontique, l'Albanée ou la Tiburtine, et enfin la plus célèbre de toutes, l'Érythréenne, qui fit le voyage de Rome pour offrir le recueil de ses oracles à Tarquin.

Au milieu des deux ancoules ou enfoncements du milieu de ces deux petits arceaux enlacés en sautoir que forment leurs éloignements, il y a un long, fin et délié obélisque à divers étages. Au premier, deux anges de chaque côté ; au-dessus, les armes d'Amboise à trois pals d'or en champ de gueules, avec le chapeau rouge de cardinal au-dessus ; et sur celles qui sont du côté de l'évangile il y a de plus une couronne ducale en or, qui peuvent être celles du premier de ce nom évêque d'Albi, M. Louis d'Amboise, évêque de cette ville et gouverneur du Languedoc, qui fit bâtir ce beau chœur, et qui, en qualité de gouverneur pour le roi en Languedoc, pouvait prendre la couronne ducale et la mettre dans ses armes comme duc de Narbonne (1).

Cette qualité de duc de Narbonne ayant été annexée avec celle de comte de Tholose et marquis de Gothie, suivant l'*Histoire de Languedoc*, les armes d'Amboise, où il n'y a que le chapeau sur cet obélisque, qui est figuré comme au milieu du chœur que M. Louis d'Amboise a fait bâtir, dont nous venons de parler, et qui n'a fait peindre

(1) Louis d'Amboise avait été nommé lieutenant pour le roi au gouvernement de Languedoc dès le 5 septembre 1740 ; plus de deux ans après seulement, il parvint au siége d'Alby. Il obtint ses bulles le 24 janvier 1473, et le chapitre de la cathédrale se soumit à sa juridiction en 1475.

que la voûte du chœur, peuvent être celles de
M. Georges d'Amboise, qui avait été cardinal
archevêque de Rouen et ministre du roi Louis XI.
Le second Louis d'Amboise, qui a été cardinal
et évêque d'Albi, ne l'étant pas encore lors de la
peinture de cette voûte (1).

Les armes de l'église Sainte-Cécile, qui sont
depuis la première fondation une grande et
large croix d'or avec de riches pendants de
même, sont au-dessus des armes d'Amboise
avec deux clefs d'or en croix et une tiare de
même au-dessus ; et du côté de l'épître, ce mot
commencé : *Ludo...*, signifiant le nom de M. Louis
d'Amboise, auteur de cette voûte magnifique,
avec un soleil d'or sur un champ de gueules.
Ce soleil portant le nom de JÉSUS au dedans, et
ce champ étant porté et soutenu par deux anges
en grand et surmonté par une sainte Véronique
qui porte la tête figurée de Notre-Seigneur au
devant de soi, selon sa coutume. Par-dessus, il

---

(1) Mc Bernard de Boissonnade s'est évidemment trompé
ici. Les armoiries représentées avec le chapeau de cardinal
sont bien celles de Louis II d'Amboise, qui fut élevé à cette
dignité au mois de janvier 1507. Ce prélat, auquel on doit
la plus grande partie des peintures de la voûte, eut pour
successeur Charles Robertet, qui fit terminer la magnifique
décoration de la cathédrale.

y a deux clefs d'or en croix surmontées encore d'une tiare d'or au-dessus de tout, désignant la première fondation de saint Clair, légat apostolique, comme ayant eu sa mission de saint Pierre, le prince des apôtres, désigné par les clefs et la tiare.

De l'autre côté, dans le même arceau et du côté de l'évangile, dans l'obélisque qui le remplit par-dessus les armes de l'église représentées en champ de gueules, deux couronnes d'or, l'une dans l'autre, surmontées d'une roue de fortune d'or en champ ou fond d'azur; et sur la clef des deux petits arceaux, trois personnages en grand remplissant toute la capacité et rondeur de la clef, et aux autres clefs des armes et blasons d'évêques.

Entre le quatrième et le cinquième grands arceaux de cette voûte, aux deux faces opposites, une grande croix d'or portée ou soutenue par deux anges sur un fond de gueules, et au-dessous, de chaque côté, deux prophètes; du côté de l'évangile, David et Isaïe; et du côté de l'épître, Michée et Zacharie. Au-dessus des prophètes, deux anges portant leurs noms écrits en caractères noirs et de sable sur un fond d'argent. Au fond et à la pointe des deux petits arceaux croisés en sautoir, entre les deux grands,

du côté de l'évangile, saint Tiburce et saint Valérian aux deux pointes opposites ; et du côté de
l'épître, sainte Cécile et sainte Agathe.

Au milieu de l'enfoncement des deux petits
arceaux qui se trouve entre leurs extrémités et à
leurs bouts répondant aux ancoules du dehors,
il y a un grand obélisque, et à son fond et pied,
saint Pierre avec les clefs du ciel, peint en or et
à fond d'azur ; et de l'autre côté, saint Paul,
peint en or et azur, avec son épée et deux anges
aux côtés (1). Au-dessous, la croix du chapitre
est portée par deux anges en champ de gueules,
et deux autres encore au-dessous, et dans une
distance, plus haut encore, deux autres, et
deux de chaque côté dans un ramage d'or et
d'argent.

Entre le cinquième et sixième grands arceaux,
au milieu et aux deux diverses faces des deux
petits arceaux qui sont en croix ou sautoir, entre
les deux grands, est représenté le mystère de
l'Incarnation.

Premièrement et à la première face qui regarde
le grand autel, on voit le Père éternel dans un

---

(1) Ces deux anges portent un écriteau sur lequel se
trouve le chiffre de 1510, date de la peinture de cette partie
de la voûte, qui vient à l'appui de ce que nous venons de
dire au sujet de ces admirables peintures exécutées sous
Louis II d'Amboise.

grand soleil à fond d'or qui jette de grands rayons
d'or près et loin, les uns procédant immédia-
tement du corps solaire, et les autres comme
échappés de ce centre fécond et surabondant de
lumières dans un ciel d'azur et placé dans une
figure triangulaire, symbole parfait de la Divinité, dont l'adorable et auguste unité se divise
en trois personnes, aussi adorables également et
augustes par un mystère ineffable, qui se réunis-
sent et se concentrent heureusement, pour le
dire ainsi, en une nature divine indivisible en
elle-même et en ses trois personnes, où elle est
la même.

Ce soleil d'or, où la paternité divine et éter-
nelle du Père est placée, est entouré de chérubins et de séraphins près et loin. Du côté de
l'épître est la sainte Vierge dans un autre grand
soleil de forme ronde, tempéré au dedans et ra-
douci par un cercle d'azur modeste, avec le
Saint-Esprit au-dessus; elle étant couverte d'une
mante bleue, et sa robe intérieure rouge sur un
piédestal d'or, ayant au devant d'elle un prie-
Dieu ou agenouilloir de même, et tenant ses
mains en croix sur sa poitrine, avec deux anges
aux côtés de son piédestal portant chacun un
grand flambeau de nuit à longs rayons d'or; et
deux autres anges au-dessous tenant un écriteau
en caractères d'or sur un fond d'or, avec ces

mots : *Ecce ancilla Domini : fiat mihi secundum* (1);
et de l'autre côté d'arceau l'archange Gabriel,
dans un autre grand soleil sur un piédestal pareil à celui de la Vierge, habillé de blanc avec
deux autres petits anges au-dessus, et au-dessous
d'eux un écriteau de même que le précédent à
fond et en caractères d'or, avec ces mots : *Ave,
gratia plena, Dominus tecum* (2), l'ange étant habillé de blanc.

Du côté de l'épître, à l'extrémité et pointe de
l'arceau, la Magdelaine d'un côté, avec un ange
qui porte son nom sur un carré en lettres d'or
sur champ d'azur ; et du côté de l'évangile,
sainte Catherine martyre, avec un ange au-dessous, portant son nom sur un carré comme le
précédent en or et sur un fond d'azur.

A la face extérieure des deux petits arceaux
regardant le dehors du chœur sont représentés
sainte Cécile et saint Valérian. La sainte du côté
de l'épître et le saint du côté de l'évangile, chacun dans un grand soleil d'or à rayons d'or,
avec un cercle d'azur au dedans et deux anges
comme en l'air qui leur présentent des couronnes ; et eux sur un piédestal d'or ayant chacun quatre anges au-dessous avec un écriteau au

(1) Luc, 1, 38.
(2) Luc, 1, 28.

milieu d'eux. Celui de sainte Cécile, portant :
Angelus dedit coronam Cæciliæ, et celui de saint
Valérian : *Et alteram dedit angelus Valeriano.* Et
aux portes des deux arceaux, sainte Apollonie
du côté de l'épître avec un ange au-dessous portant son nom ; et du côté de l'évangile sainte
Marguerite avec pareils accompagnements.

Au milieu des enfoncements des deux petits
arceaux en croix de travers et du côté de l'é-
pître, est représentée la Théologie dans un grand
soleil d'or, comme en forme de cœur renversé,
habillée d'azur, avec la cité de Dieu qu'elle
montre et enseigne au-dessus, ayant comme
pour marches pour y monter les deux livres ou
lois du vieux et du nouveau Testament, soutenus
des deux côtés par deux anges en grand, et
deux au-dessus, avec un encensoir chacun aux
mains, et quatre aux côtés de la Théologie. Le
soleil où elle est placée est bordé et enrichi d'une
grande chaîne d'or entremêlée de grosses pom-
mes d'or, et de deux anges au fond et aux côtés
en champ d'azur entouré d'un gros cordon d'or.

A l'enfoncement opposé, du côté de l'évangile, est représentée la Musique dans un autre
grand soleil d'or, jouant de l'orgue, avec le nom
d'Eubal (1) au-dessus, inventeur de la musique ;

_____

(1) Je n'ai pas pu m'assurer si le peintre avait écrit *Eubal*

celui de David est du côté du chœur, et David peint au-dessous jouant de la harpe ; et de l'autre côté saint Genest (1), comédien et martyr, jouant du violon dans un grand rond à forme d'azur, chacun entouré comme d'un nuage d'or. Au-dessous de celui de David on lit ces mots : *Soli Deo honor et gloria in canticis et organo* (2), et au-dessous de saint Genest : *Soli Deo N. S.* (3). L'air d'alentour d'azur semé de harpes et de violes.

Aux deux côtés de l'enfoncement de ces petits arceaux, du côté de l'épître, et à la face qui regarde le côté intérieur du commencement du chœur, il y a un saint Paul dans un grand rond en champ d'azur entouré d'un cercle d'or large d'un pied avec de gros enlacements de même couleur. Saint Paul habillé de rouge et tenant un livre couvert de bleu sur le genou gauche,

ou *Jubal;* mais, dans tous les cas, c'est ce dernier nom qu'il faut lire. Jubal, d'après l'Écriture sainte, fut l'inventeur de la musique : *Ipse fuit pater canentium cithara et organo.* Gen., IV, 21.

(1) Saint Genest se convertit au christianisme sur le théâtre même et en présence de Dioclétien. Toutes les tortures qu'on lui fit subir ne purent le faire revenir sur ce qu'il avait fait, et il fut décapité le 26 août 303.

(2) B. Pauli ad Timothæum epistola prima, I, 17.

(3) B. Judæ Epist. catholica, 25.

ayant au-dessous, sur un champ d'argent oblong et large d'environ un pied, ces mots : *Saule, quid me persequeris* (1) ? Et à l'opposite d'une nue qui paraît dans un angle à côté, des rayons d'or enflammés et répandus en l'air dans un champ d'azur qui règne par toute cette voûte. Au-dessous de cet écriteau, un autre saint Paul, en habit de cavalier, renversé par terre de dessus un grand cheval blanc, est désigné par un autre écriteau sur un champ d'argent de même que le premier, portant ces mots : *Durum est tibi contra stimulum calcitrare* (2) : « Il t'est dur et inutile de regimber contre l'aiguillon. » Et au côté du premier saint Paul supérieur à celui-ci, il y a un ange tenant une longue verge mince et blanche ayant au bout cet écriteau en caractères noirs et de sable sur un fond d'argent : *In nomine Jesu omne genu flectatur* (3) : « Au seul nom de Jésus que tout genou fléchisse ; » comme le symbole et le hiéroglyphique qui fait le propre caractère et comme la principale devise de saint Paul.

Au côté du dedans du chœur un saint Augustin, dans un autre grand rond à fond d'azur,

(1) Actus Apostolorum, IX, 4 ; XXII, 7 ; XXVI, 14.

(2) Actus Apostolorum, IX, 5 ; XXVI, 14.

(3) B. Pauli Epist. ad Philippenses, II, 10.

est entouré d'un autre grand cercle d'or comme celui de saint Paul qui lui est à l'opposite. Saint Augustin tient un grand livre couvert de rouge, avec les deux mains, suspendu au-dessus de ses genoux. Il a un séraphin habillé de blanc, à la chevelure et aux ailes d'or, un peu au-dessus de lui, et à côté, tenant avec les deux mains levées un grand rond d'or rempli d'un buste et tête à trois faces d'or, qui marquent par là et par l'objet extérieur sa méditation intérieure sur le mystère de la sainte Trinité. Au-dessous de ce saint Augustin, qui est dans ce rond et un peu à côté sur le derrière, il y a un autre saint Augustin qui parle à un ange qu'il a au-dessous, ayant la forme d'un petit enfant courbé sur son visage contre terre, et s'efforçant de mettre toute l'eau de la mer qu'il a devant lui dans un trou, avec grand empressement, et lui disant : *Quid sic agis ?* « Mon enfant, que fais-tu là ? » *Et puer respondens,* « et l'enfant, répondant, » dit, dans un autre écriteau qui est au-dessous de lui sur l'argent en caractères de sable et noirs : *Totam ripariam in foveam ponere proposui :* « J'ai fait le dessein de mettre toute l'eau de cette plage dans un trou ». Un ange placé au-dessous porte ce dernier écriteau.

Entre le sixième et le septième grands arceaux, à la première face des deux petits croisés et comme en sautoir, il y a sur le fond d'azur qui occupe toute cette voûte et sert comme d'une première et riche couche aux miracles de l'art et de la peinture qui y sont représentés, du côté-de l'évangile, le vieux Tobie dans un ramage d'or et d'argent où est son nom en caractères de sable, sur un fond d'argent; et trois anges au-dessous, disposés en forme triangulaire, tenant en main ces ramages, et eux étant nus et blancs comme des séraphins, sans ailes d'or. Au-dessous d'eux est saint Louis, évêque, portant des fleurs de lis de France sur sa robe bleue et azurée au-dessus d'un habit de cordelier (1).

Du côté de l'épître, est le patriarche Mathusalem avec son nom écrit en caractères noirs ou de sable sur un fond d'argent. Ce patriarche est dans un ramage d'or et d'argent comme le précédent, avec deux anges et séraphins au-dessous, dans les ramages d'or et d'argent. Un saint Louis, roi de France (2), est à la pointe de cette face du côté de l'épître, avec son nom au-dessous, en lettres d'or, sur un champ d'azur,

(1) Nous avons déjà dit que saint Louis de France avait voulu entrer dans l'ordre de Saint-François avant d'accepter l'évêché de Toulouse.

(2) Louis IX, roi de France, mort le 25 août 1270, fut canonisé, le 11 août 1297, par le pape Boniface VIII.

de même que saint Louis évêque, qui est à l'autre pointe opposite de l'évangile.

A l'autre face des deux petits arceaux intérieurs, aux deux grands sixième et septième, est le prophète Élizée, du côté de l'évangile, avec son nom au-dessous, en caractères de sable, sur un fond d'argent. Le prophète est dans un ramage d'or et d'argent, avec deux anges au-dessous dans le ramage, dont le premier est mignonnement assis sur un amas léger de feuilles dorées au milieu du ramage, jouant du clairon, et l'autre au-dessous, jouant d'une flûte ; ce dernier appuyant un de ses pieds sur un genou et l'autre sur un lièvre ou lapereau blanc qui, sans s'effrayer, le regarde et semble écouter sa musique avec complaisance, attiré et retenu par cet attrait. Ces anges sont blancs aux ailes d'or comme des séraphins. Au-dessous est saint Martial, évêque, habillé de blanc et tenant un grand missel de sa main gauche couvert comme d'un velours vert, avec son nom au-dessous, en lettres d'or, sur un carré d'azur ; et au-dessous, un ange avec un agrément finissant en forme de cordon, à l'extrémité de la pointe du petit arceau de ce côté extérieur du chœur.

Du côté de l'épître de cette face extérieure du chœur est peint le patriarche Nephthali, avec son écriteau ou son nom au-dessous, en noir sur argent, et lui dans un ramage d'or et d'argent. Deux anges à son opposite sont assis sur le ramage, et au-dessous on voit saint Salvi, évêque d'Albi, avec son nom en or, comme saint Martial, en champ d'azur. L'écriteau est porté par un ange sur un piédestal comme de marbre blanc.

Au milieu et dans le creux ou enfoncement des deux petits arceaux, il y a un grand obélisque de chaque côté, ayant chacun les armes d'Amboise au milieu, à fond de gueules et trois pals d'or, comme en l'endroit où finit la peinture du chœur et de la voûte de l'église qui lui répond, qui ont été faits par les soins de M. Louis d'Amboise, évêque d'Albi et gouverneur de Languedoc (1), avec plusieurs anges de chaque côté dans un ramage d'or et d'argent qui les remplit et occupe entièrement. Au-dessous, du côté de l'épître, est la date de 1511, en lettres d'or, comme le temps où cette belle voûte du chœur a été achevée de peindre par M. Louis

_____

(1) On a vu ce que nous avons déjà dit au sujet des peintures attribuées à Louis I⁷ d'Amboise. Ce prélat avait abdiqué l'épiscopat en 1502, et il mourut l'année suivante. On ne lui doit, selon nous, qu'une partie des peintures du chœur commencées par le cardinal Jouffroy, et peut-être le commencement de celles de la voûte.

d'Amboise, neveu du premier évêque d'Albi et cardinal (1), qui fit aussi peindre quelques côtés de cette église, entre les septième et huitième grands arceaux, aux deux faces que la rencontre des deux petits arceaux, qui sont au milieu des deux grands, forme en cet endroit comme entre les autres. Il y a deux grands soleils peints à rayons d'or, en forme de flammes, dans un rond dont ils remplissent la capacité, sur un fond de gueules ; et au milieu ou centre de ces deux grands soleils le nom de JÉSUS, en lettres d'or, du côté de l'autel sur un fond d'azur ; et du côté du dehors du chœur, où le septième arceau se trouve, il y a dans un pareil centre et milieu ce mot PAX en lettres d'or, avec une croix de même au-dessus et sur un pareil fond d'azur, comme la propre devise et le caractère sensible du Sauveur du monde. Chacun de ces deux soleils est porté par-dessous et au-dessus par deux grands anges habillés, comme leurs saints compatriotes, d'étoles blanches, suivant le dire de l'Écriture, et ayant leurs ailes d'or, selon le portrait qu'un auteur ingénieux de delà

---

(1) Le cardinal Louis II d'Amboise était mort en 1510. Le chiffre indiqué par l'auteur n'a pu être ainsi mis que sous son successeur.

les monts en a fait sur la peinture de l'archange
Gabriel :

  Ali bianche vestia ch'an d'or la cime.
  Il a son aile blanche à la cime dorée.

Ces anges sont entourés d'un ramage d'or et
d'argent. Au dessous d'eux, du côté de l'évangile, on voit Joseph et Moïse, chacun de son
côté, à la face oblique des deux arceaux et sur
leur déclin, avec deux anges de même que les
premiers au-dessous, et, par-dessus, le nom de
ces patriarches, Joseph et Moïse, écrit en caractères noirs ou de sable sur un fond d'argent.
Moïse porte les tables de la loi écrite, en forme
d'un grand livre, qu'il tient par le haut, les mains
posées dessus et sur son genou gauche, habillé,
de même que Joseph, de blanc.

Au-dessus de ces deux patriarches sont sainte
Barbe et sainte Véronique, peintes dans cet
ordre et situation, habillées de couleur d'or,
chacune avec son symbole ou hiéroglyphique,
l'une du linge portant la face figurée de Notre-
Seigneur, et l'autre tenant une tour d'or représentant celle où son père l'avait enfermée parce
qu'elle était chrétienne, lui étant payen ; chacune
d'elles ayant un grand cercle d'or sur sa tête

comme un beau rayon de la gloire dont elles jouissent et la marque sensible de leur sainteté, de même que les autres saints.

A l'opposite de saint Joseph et de Moïse, et du côté de l'épître, sont le patriarche Jacob et le prophète Jonas, dans cet ordre et situation, à l'égard du grand autel, et dans un ramage d'or et d'argent, comme les autres, avec deux anges chacun au-dessous; et à la pointe de ces mêmes petits arceaux, du côté de l'épître, sont représentées sainte Ursule et sainte Agnès, comme sainte Barbe et sainte Véronique à la pointe opposite. Sainte Ursule, vêtue d'une robe d'un rouge cramoisi, porte une couronne d'or sur sa tête; elle tient de la main droite un étendard blanc avec une croix d'or au milieu, et sainte Agnès une branche de palme enrichie d'or pour la marque de sa victoire et de son martyre. Toutes deux ont leurs noms au-dessous en or, sur un fond d'azur.

⁂

Dans le creux et enfoncement des deux petits arceaux, et tout au milieu de l'enfoncement, répondant l'un à l'autre sur un fond d'azur, deux grands obélisques et un ange au bout; et au fond le chiffre 1511, date de la peinture de cette voûte faite par le second M. Louis d'Amboise, évêque et cardinal, qui mourut ensuite en Italie dans la ville d'Ancosne, l'an 1512 (1), et dont le cœur fut porté à Albi et mis dans le tombeau de feu son oncle, dans la chapelle de Notre-Dame dite de Sainte-Marie-Majeure de l'église Sainte-Cécile. Son corps fut porté à Notre-Dame-de-Lorette, dans une chapelle où son épitaphe se voit en latin.

A ce second d'Amboise, cardinal et évêque d'Albi, succéda M. Charles de Robertet, frère de Florimond de Robertet, fils de Claude (2) et d'Anne de Briçonnet, premier secrétaire et chef des conseillers d'État du conseil privé de Charles VIII, Louis VII et François Ier, rois de France. Il fut fait évêque d'Albi en l'an 1512 (3).

---

(1) Il y a ici une erreur qu'il faut signaler. Louis II mourut en 1510 à Lorette, tandis qu'il se rendait à la cour de Rome, où il avait été appelé par le pape. Son cœur fut porté à Alby, et renfermé dans le tombeau de son oncle; mais son corps resta déposé à Notre-Dame-de-Lorette, où plus tard le cardinal Georges d'Armagnac lui fit élever un superbe mausolée.

(2) Il était fils de Jean Robertet, notaire et secrétaire du roi, greffier de l'ordre de Saint-Michel.

(3) La répétition de cette date est encore une fois démentie par l'élection de Charles Robertet, qui succéda au cardinal

A celui-ci succéda M. Jacques de Robertet, son neveu (1), auparavant chanoine de Notre-Dame de Paris, où il mourut, après avoir tenu le siége d'Albi quatre ans. Il fut enterré à Paris (2), où l'on voit cette épitaphe sur son tombeau :

> *Ista Roberteti cineres tegit urna Jacobi,*
>   *Quem vigilem experta est Albia pontificem,*
> *Corporis ac animi præclaris dotibus auctum*
>   *Ante suum rapuit sors truculenta diem.*
> *Obiit nono Kalendas Januarii, anno* 1519 (3).

Louis d'Amboise, et prit possession de son siége au mois de décembre 1510. C'est à cet évêque que l'on doit la belle statue de sainte Cécile, placée dans une niche en pierre blanche richement sculptée que l'on voit encore au-dessus de la porte d'entrée de l'église.

(1) Jacques Robertet était frère et non neveu de Charles. Ces deux prélats avaient encore deux frères : François, qui fut secrétaire du roi et du duc de Bourbon, et le célèbre Florimond, surnommé par Fauvelet du Toc, le *Père des secrétaires d'État.*

(2) Dans le chœur de l'église Notre-Dame, sous une tombe de cuivre, près de laquelle on plaça en 1567 la sépulture de Guillaume de Viole, 108e évêque de Paris.

(3) Cette inscription, que l'on trouve dans un manuscrit de la Bibliothèque impériale (F. Fr., n° 4613, f. 7), est également rapportée dans l'ouvrage de Jean Chenu, intitulé : *Archiepiscoporum et Episcoporum Galliæ chronologica His-*

Messire Charles de Robertet, son oncle et pré-décesseur en l'évêché, qui mourut le 9 août 1515, est enterré au tombeau de laiton qui est devant l'entrée du chœur de l'église Sainte-Cécile, du côté de la sacristie.

Ce sont ces deux MM. de Robertet qu'on tient avoir fait achever la peinture de la voûte et côtés de Sainte-Cécile, depuis le septième grand arceau, qui est hors du chœur, jusqu'au fond de cette église, où, pour marquer que c'est eux qui l'ont fait faire, on voit leurs armes à tous les côtés des piliers par où finissent les grands arceaux jusqu'à la fin de l'église et en quelques endroits de la voûte. Ces armes sont chargées d'une grande cotice d'or en travers, avec une aile de corbeau de sable ou noir au-dessus, en champ d'azur, et trois étoiles d'or, deux au-dessous et une au-dessus.

ᘒᕹᕷᘓ

Mais, pour revenir à cette belle voûte de Sainte-Cécile, ou à sa description, comme à l'ou-

torica ; Paris, 1621, p. 384. Seulement, elle est fautive et inintelligible quant à la date, dans la chronologie de Chenu, qui met : *Obiit anno kal. Junias anno 1519.*

vrage de ces pieux évêques, dans le creux et au milieu de l'enfoncement des deux petits arceaux croisés, qui sont entre les septième et huitième grands arceaux, sont ces armes de M^res de Robertet, évêques d'Albi, telles que nous venons de dire, comme ayant occupé son siége depuis 1512 (1510) jusqu'en 1519 inclusivement. Ces armes ont un ramage d'or et d'argent tout autour, et deux anges, de chaque côté, jouant de divers instruments, l'un du clairon bruyant, l'autre d'un tambour basque, du côté de l'évangile, et du côté de l'épître la même chose.

Entre le huitième et neuvième grands arceaux, et aux deux faces du côté et milieu que forment les deux petits qui se croisent par leur rencontre du côté du chœur, le mystère de la transfiguration, où le fils de Dieu est représenté transfiguré, habillé et revêtu de blanc. Sa gloire rejaillit au dehors de sa divinité intérieure non-seulement sans miracle autre qu'apparent, mais qui plus est par une cessation de miracle ineffable, dont il suspendit dans ce moment les effets, pour laisser voir quelques rayons de sa divinité à ses trois apôtres présents, pour la confirmation de ses mystères et la consolation des fidèles; le Sauveur transfiguré étant dans un soleil d'or ayant la forme d'un parfait ovale, avec Moïse et Élie à ses côtés, chacun revêtu d'une robe rouge enrichie de grands et gros filaments d'or. Moïse est du côté de l'évangile, et Élie du côté de l'épître. Saint Pierre et saint Jean sont du côté de Moïse, et au-dessous, avec ces mots en lettres d'or sur un fond d'azur : *Et duxit illos in montem, et transfiguratus est* (1); et au-dessous d'Élie, saint Jacques, avec ces mots en or sur azur : *Assumpsit Jesus Petrum, et Jacobum, et Joannem* (2), avec un ange habillé de blanc au-dessous.

Du côté de l'évangile, au-dessous de saint Pierre et saint Jean, vers la pointe de chacun de ces petits arceaux, est saint Roch, habillé en pèlerin d'un habit comme de couleur d'or et son bourdon de même, tenant sa plaie découverte et sa main droite au-dessus, un peu à côté, sur un champ d'azur. Du côté de l'épître, saint Sébastien attaché à un arbre, en forme d'une colonne, percé de flèches, avec son nom au-dessous, en lettres d'or, de même que saint Roch.

A la face opposite du milieu de ces deux petits arceaux tirant vers le fond de l'église, l'apparition de Notre-Seigneur aux apôtres dans le cénacle après la résurrection, saint Thomas y étant pour le convaincre de son incrédulité.

(1) Matth., XVII, 1-2 ; Marc, IX, 1.
(2) Marc, IX, 1 ; XIV, 33.

Tous sont représentés dans une grande salle entourée d'une balustrade d'or, avec un grand écrit de chaque côté en lettres d'or, sur un fond d'azur. L'un de ces écrits portant : *Dixit Jesus : Affer manum tuam, et mitte in latus meum....* (1) qui désigne la suite, qu'on n'a pu mettre tout du long : *noli esse increlulus, sed fidelis,* « et ne veuille point être incrédule, mais fidèle,» par une figure elliptique de la rhétorique du ciel, comme il y en a de la sorte dans celle de la terre.

De l'autre côté, qui est celui de l'évangile, l'écriteau qu'on y voit porte : *Respondit Thomas et dixit ci : Dominus meus et Deus meus* (2); et au-dessous vers la pointe du petit arceau, du côté de l'évangile, saint Martin, sur un fond d'azur, habillé en cavalier et monté sur un grand cheval blanc, partage son manteau avec son épée pour en donner la moitié à un pauvre qu'il en couvre ; ce manteau étant de couleur rouge ou d'écarlate et de pourpre, avec le nom au-dessous en or sur l'azur.

De l'autre côté, saint Christophe portant le petit Jésus sur ses épaules, et s'appuyant de sa main droite sur une grande perche ayant le bout

(1) Joan., xx, 27.
(2) Ibid., 28.

d'en bas dans l'eau, de même que lui ses jambes jusqu'au genou, l'eau semblant croître au-dessous de lui à vue d'œil, avec son nom en or sur l'azur.

A l'extrémité de la pointe de l'arceau que fait le petit en se joignant avec le grand, le même petit Jésus est représenté en forme d'agneau, portant l'étendard de la résurrection, d'un pied élevé en haut, avec ces mots écrits en lettres d'or sur un repli de l'écharpe qui environne le bâton de cet étendard ou la demi-pique qui le porte : *Deus providebit honia* (1). Ces mots sont comme pour répondre à l'étonnement intérieur que saint Christophe ou Christophore semble avoir dans son esprit et dans sa contenance pleine de surprise pour l'accroissement des eaux qu'il voit se faire sous lui à vue d'œil. Le petit enfant dont il se trouve chargé contre son attente lui disant, par l'organe de son symbole, qui est cet agneau : « Dieu y pourvoira, mon fils ; » ou en lui donnant quelque autre nom de tendresse semblable à celui là, répondant à ce terme *honia*.

Au creux ou enfoncement des deux petits arceaux répondant au-dessus de la chapelle qui est en bas dans la nef de l'église, de même que

(1) Genes., xxii, 8.

toutes les autres du côté de l'évangile, il y a trente-six bustes de saints, avec ces mots en lettres rouges ou de gueules sur l'argent : *Omnes Sancti, orate pro nobis;* chacun de ces écriteaux étant porté par un ange, avec deux autres de chaque côté de même; ce qui est ainsi disposé avec beaucoup de raison, de jugement et de piété chrétienne.

Cet endroit qui contient les bustes représentés de tous ces saints et saintes, étant justement entre le chœur et la grande nef de l'église, est ainsi placé à l'entrée du chœur, où tout ce qu'on y voit représente la gloire du ciel et du paradis. Les saints y sont comme dans leur propre séjour, qu'on est invité par là d'invoquer avant d'y entrer pour se les rendre favorables; l'enfoncement du côté de l'épître représentant tout autant de bustes de saintes, avec ces mots : *Omnes Sanctæ, orate pro nobis,* outre les reliefs du vieux et du nouveau Testament qu'on voit disposés partout autour de ce chœur merveilleux, dans un ordre qui surprend les sens et la raison.

Entre le neuvième et le dixième grands arceaux, et aux deux faces du milieu, séparées par les deux qui sont au milieu des deux grands disposés en sautoir ou croix oblique, au lieu que les grands arceaux vont tout droit d'un côté de l'église à l'autre, sont peints, du côté de l'évan-

gile, Éliachim et Achim, et du côté de l'épître,
Azor portant une couronne d'or sur sa tête, et
Sadoch, avec les noms de chacun au-dessous,
en caractères de sable ou noirs, sur un fond
d'argent, enfermés dans un grand et large ramage qui s'élargit par en haut en tulipe, soutenus par le bas et couronnés en haut de deux
anges nus aux ailes d'or dans des ramages d'or
et d'argent.

Au-dessous du côté de l'évangile, à la pointe
où le petit arceau se joint avec le grand, dans
un pavillon comme de marbre blanc, saint Urbain, pape, et Job. Saint Urbain a ses habits pon-
tificaux et sa tiare ou couronne papale en tête,
avec la triple croix du Souverain Pontife, et Job,
à l'opposite du même côté de l'évangile, est
tout nu, ceint seulement de son suaire d'un côté
à l'autre, en forme de grand baudrier, comme
pour aller combattre les vermisseaux ses frères
et sa sœur la pourriture dans le tombeau qui
l'attend, ainsi qu'il les appelle lui-même.

Du côté de l'épître, sur la fin des mêmes
petits arceaux, est figuré saint Sylvestre, aussi
vêtu pontificalement, portant sa tiare en tête et
sa triple croix dans le réduit de son bras gauche
plié, et tenant de la même main un livre rouge,
et de sa droite bénissant le peuple et les fidèles.
Saint Antoine de l'autre côté, couvert d'une

grande mante de bure, tient un livre ouvert à sa
droite, où il semble prier, et un bâton potencé
à sa gauche, de couleur d'or, où pend sa clo-
chette. Tous deux ont leurs noms au-dessous
en lettres d'or sur l'azur.

Au-dessous, à la pointe ou extrémité des
petits arceaux où ils vont se joindre avec les
grands, sont des agréments de fantaisie du
peintre pour l'embellissement et remplissage.

Au milieu, creux et enfoncement des petits
arceaux qui vont aboutir chacun de son côté
au-dessus des chapelles opposites d'en bas, il y
a un grand obélisque embelli au milieu des
armes de Mre de Robertet (1), évêque d'Albi,
qui fit achever la peinture de·cette voûte, depuis
le huitième grand arceau jusqu'à la fin et au
fond de cette église. C'est lui qui pareillement
se trouve avoir fait ériger la statue ·et relief en
pierre de sainte Cécile, sur la porte intérieure
de cette église en venant et entrant par la porte
et entrée qui est au bout et côté du grand degré
de cinquante marches de dehors. Les mêmes
armes qui sont représentées sur ces deux obé-

---

(1) Nous avons déjà dit que l'église d'Alby avait possédé
deux évêques de ce nom, Charles et Jacques Robertet, qui
se succédèrent, et occupèrent ainsi le siége épiscopal de 1510
à 1519.

lisques et aux côtés des autres piliers de cette
église jusqu'au fond, se trouvent aussi figurées
en grand de chaque côté de sainte Cécile par le
bas; la sainte étant dans une belle niche de
pierre blanche, couverte d'une grande et fine
élévation pyramidale de même, qui lui sert
comme d'une riche couronne, où le ciseau et la
main du statuaire ont déployé, à l'exemple de
son chœur somptueux que M^re d'Amboise avait
fait faire déjà, tout ce qu'ils ont eu d'art et d'in-
vention.

Après le onzième et dernier grand arceau, et
à la première face des deux petits, qui sont disposés en croix comme tous leurs pareils, et couvrent à demi le grand orgue, qui occupe tout le
fond de cette église, aussi bien que le douzième
grand arceau, qu'on voit caché par delà, et à la
fin de l'église, sont peints les patriarches Éléazar,
fils et successeur d'Aaron, et Éliud, dans un ramage d'or et d'argent, avec chacun un ange
au-dessous enrichi d'or et d'argent, aussi bien
que le ramage où ils sont placés. Sainte Catherine de Sienne et sainte Claire sont au-dessous
vers la pointe des deux petits arceaux, avec leurs
noms en or sur l'azur, portant chacune un lis
blanc en sa main, dont toute la tige est d'or pour
marque de leur pureté virginale; et dans le
creux et enfoncement des deux petits arceaux,

deux obélisques comme aux autres, avec des anges de chaque côté dans un ramage d'or et d'argent sur l'azur, avec encore d'autres anges autour dans les mêmes ramages et aux côtés.

Mais avant de poursuivre le restant de la description de cette belle église ; l'enceinte de son chœur, qui est un miracle de l'art et de la piété de Mgr Mre Louis d'Amboise, qui l'a fait construire et mettre dans la perfection qu'il est ; de ses chapelles, de son orgue et du Jugement dernier, qui se trouve représenté sensiblement au fond de cette église, qu'il occupe entièrement ; et en attendant que la piété de quelqu'un de ceux qui ont du pouvoir là dedans prenne autant d'intérêt pour la gloire de cet ouvrage et de son église, qu'ils font à prendre et profiter de ses revenus, pour dérober à la poussière le détail des inscriptions des patriarches et des prophètes, apôtres et évangélistes qui l'embellissent, nous avons cru que cela nous pouvait ici servir d'un entrepôt favorable pour fournir en ce lieu la carrière des évêques d'Albi, à cause du petit nombre qu'il nous en reste à faire.

Ceci nous peut servir encore à prendre haleine pour entreprendre tout de nouveau, et avec de nouvelles forces d'esprit, la peinture parlante de ce beau chœur, où le ciseau et la main de l'ouvrier qui l'a conduit ont laissé autant de merveilles tracées qu'il porte sur soi de traits hardis, dont le nombre est infini.

Mon lecteur saura donc qu'après le décès de Mre Charles de Robertet, secrétaire de Charles VIII, Louis XII et François Ier, évêque d'Albi, Mre Jacques de Robertet fut le premier évêque d'Albi nommé par le roi à cet évêché, au préjudice de l'élection de Mre François de Clermont, cardinal, qui avait été élu pour son évêque au mois de septembre de 1515 (1);

(1) Quelque temps avant sa mort, Charles Robertet s'était démis de son siége en faveur de son frère Jacques, chanoine de la Sainte Chapelle du palais et des cathédrales de Paris et d'Alby. Mais le chapitre, ne tenant aucun compte de l'acte de résignation de son évêque, procéda à l'élection d'un nouveau prélat, et appela au siége épiscopal François-Guillaume de Clermont, cardinal et archevêque d'Auch. Celui-ci accepta d'abord ; puis, après quelques négociations, il céda ses droits à son compétiteur, qui était d'ailleurs soutenu par le roi.

Mre Adrian de Gouffier, ou de Boissy, évêque de Coutance, prêtre et cardinal du titre de Saint-Marcelin-et-Saint-Pierre (1), fut proclamé évêque d'Albi, sur la seconde nomination de François Ier en cet évêché, par Léon X, l'an 1519, en conséquence du concordat passé entre lui et le roi François Ier.

. Cet évêque fit son entrée dans la ville d'Albi le 16 décembre de la même année 1519 (2). Il partit pour cela de chez les Pères de Saint-Dominique, où il s'était rendu, reçut en entrant les clefs de la ville, à la porte du Vigan, des mains des sieurs consuls, et passa ensuite à Saint-Salvy, suivant la coutume des évêques à leur première entrée, avant d'aller à son palais épiscopal. Ce fut le premier évêque d'Albi à qui les consuls de cette ville ont fait l'hommage en langage français : et, mettant la main sur sa poitrine, il promit aux magistrats et aux habi-

Jacques Robertet ne fit son entrée à Alby que le 22 novembre 1517.

(1) Ce titre fut changé plus tard en celui de Sainte-Sabine.

(2) Cette date n'est point exacte. Une pièce inédite qui se trouve parmi les manuscrits de la Bibliothèque impériale (fonds Doat, n° 112), nous apprend que le cardinal de Boissy ne prit possession du siége d'Alby que le 16 novembre 1522.

tants de les conserver dans leurs priviléges écrits et non écrits, ce qui est à remarquer et très-considérable. Il décéda au mois de novembre 1523 (1), et fut fils de Guillaume de Gouffier, amiral et grand-maître de France, et de Philippe de Montmorency ; frère d'Adémar, évêque de Coutance et abbé de Cluny ; de Louis, abbé de Saint-Maxence ; et de Pierre, abbé de Saint-Denis (2).

Aymar de Gouffier, frère d'Adrian, fut fait évêque d'Albi après lui, le dernier de juillet 1524 (3), et la nouvelle lui en vint de la maison

(1) Il mourut le 24 juillet 1523, au château de Villedieu, et se trouva bientôt remplacé par son frère Aimar.

(2) Nous trouvons dans les lignes qui précèdent plusieurs erreurs qu'il est nécessaire de relever. Adrien Gouffier fut bien effectivement fils de Guillaume et de Philippine de Montmorency ; mais ce *Guillaume* ne fut jamais *amiral*, et nous devons rappeler que cette dignité appartenait au frère aîné d'Adrien, connu dans l'histoire sous le nom d'amiral de Bonnivet, et mort à la malheureuse journée de Pavie, le 24 février 1525. Les fonctions de *grand maître* de la maison du roi étaient remplies par Artus Gouffier, seigneur de Boissy ; enfin Aimar ou *Adémar* ne fut jamais *évêque de Coutances*, et l'on a vu plus haut que le cardinal de Boissy avait été transféré de ce siége à celui d'Alby.

(3) Le 1er août 1523, à la nouvelle de la mort d'Adrien, François Ier, par lettres datées du 1er août 1523, voulut se faire rendre compte du privilége qu'avaient les chanoines de choisir leur évêque, et, en attendant, il leur fit défense de

du commandeur de Gaillac, la peste étant alors dans Albi, où il fut reçu ensuite de même que son frère, le 15 d'août de cette même année 1524 (1). Le jeudi saint, 18 avril 1527, il fit faire la grande cloche qui maintenant est dans le clocher de Sainte-Cécile, où sont ses armes. Il décéda le 15 octobre 1528, et ne tint le siége que quatre ans et quelques mois (2).

Mre Antoine de Prat d'Auvergne, archevêque de Sens et chancelier de France, depuis l'année 1514 jusqu'à sa mort, et cardinal du titre de Saint-Anastase, légat en France sous François Ier, fut évêque d'Albi en l'an 1528 (3), et

procéder à une nouvelle élection. Mais le jour même, le chapitre, réuni à Gaillac, où il s'était retiré pour se soustraire aux ravages de la peste qui désolait Alby, avait élu un nouvel évêque, et la plus grande partie des suffrages s'était portée sur Aimar Gouffier.

(1) Malgré la défense qu'il avait faite, François Ier confirma l'élection de l'évêque, et celui-ci prit possession de son siége le 24 *juin* 1524.

(2) Aimar Gouffier était abbé de Cluny et de Saint-Jouvin des Marnes, au diocèse de Poitiers : il mourut le 9 *octobre* 1528, à l'abbaye Saint-Jouvin des Marnes, où il fut inhumé.

(3) Le cardinal Duprat se fit donner l'évêché d'Alby, le 19 octobre 1528. Tout le monde sait qu'avant d'embrasser l'état ecclésiastique, il s'était marié et était parvenu au rang de premier président au parlement de Paris. Possesseur de plusieurs bénéfices, qu'il ne pouvait même visiter à cause de ses fonctions à la cour, il eut pour coadjuteur, dans l'é-

fit confirmer les transactions passées entre ses devanciers et prédécesseurs évêques avec les officiers du roi et les consuls d'Albi en tous les chefs, par arrêt du parlement de Toulouse de 1530.

La reine de Navarre, passant à Albi en l'an 1535, lui ayant demandé la permission pour les religieuses de Fargues de fermer le passage d'une certaine ruelle près l'évêché, il s'en excusa en lui disant, qu'avant de lui faire demander cette grâce par quelque médiateur, comme elles faisaient, elles devaient se mettre en état de la mériter, et qu'elles étaient les filles de Zébédée, ne sachant ce qu'elles demandaient.

Après avoir tenu le siége épiscopal d'Albi huit ans, il décéda à Nantouillet, l'an 1535, le 9 de juillet.

Mre Jean de Lorraine, cardinal du titre de

---

vêché d'Alby, un chanoine de la cathédrale, Pierre de la Porte, pénitencier de l'église, qui mourut le 18 décembre 1551, et fut inhumé dans la chapelle de la Pénitencerie. On traça l'inscription suivante sur sa tombe :

HIC JACET REVERENDUS IN XPO PATER DNS P. DE LA PORTE,

EPUS ALBIENSIS,

DOCTOR IN SACRA THEOLOGIA,

ET CANONICUS PENITENTIARIUS HUJUS ECCLESIÆ.

OBIIT XVIII DECEMBRIS 1551.

Saint-Onuphre, évêque de *Boulogne* (1) et Valence, fut fait évêque d'Albi et abbé de Cluny en 1536 (2). Il avait joui et jouissait encore alors d'autres bénéfices, comme des archevêchés de Lyon, de Narbonne et de Rheims, les évêchés de Toul et Verdun.

En son absence, les consuls et habitants d'Albi refusèrent de rendre hommage le jour de Noël à son vicaire général, la tête découverte; ce qui fut cause qu'il les y contraignit et à tout le contenu des transactions passées par ses prédécesseurs évêques avec les consuls d'Albi, par arrêt du parlement du 18 juin 1539. Il décéda

(1) Le cardinal Jean de Lorraine, si connu par ses prodigalités, ne posséda jamais le siège de Boulogne; mais il eut en échange un grand nombre d'évêchés ou d'archevêchés. Pourvu du siége de Metz à l'âge de sept ans, il obtint ensuite l'évêché de Toul en 1517, et le chapeau de cardinal à l'époque où il atteignait sa vingtième année. Quand il parvint au siége d'Alby, il avait successivement obtenu ceux de Térouanne, Narbonne, Valence, Verdun, Luçon et Reims; mais alors, cédant aux justes réclamations du clergé, il résigna cinq de ces bénéfices, pour prendre bientôt après ceux de Lyon, d'Agen et de Nantes. Ce prélat possédait encore six abbayes, parmi lesquelles se trouvait celle de Cluny; enfin il était légat du saint-siége dans toute la Lorraine.

(2) Le procès-verbal de mise en possession de l'évêché pour le cardinal est du 5 octobre 1535.

l'an 1550, après avoir régi l'évêché d'Albi quatorze ans (1).

Mre Louis de Lorraine, *cardinal de Guise*, fils
de Claude de Guise, fut fait évêque d'Albi en
l'an 1550 (2), et archevêque de Sens en l'an 1562,
dont il se démit en faveur de Nicolas de Pellevé,
l'an 1563, sous pension. Il était aussi abbé de
Saint-Victor-lez-Paris.

(1) Jean de Lorraine, qui montra toute sa vie un goût
très-prononcé pour les voyages, n'a, pour ainsi dire, pas
laissé de trace dans l'histoire d'Alby. M. Compayré, dans
ses *Études historiques sur l'Albigeois*, nous a fait connaître
une lettre de ce prélat, adressée aux consuls de la ville,
datée de Saint-Germain-en-Laye, le 30 janvier 1546, et
signée ainsi : *Votre bon amy, le cardinal de Lorraine.* Il fut
frappé d'apoplexie à Nevers, le 19 mai 1550, et son corps,
transporté à Nancy, d'après sa volonté, fut inhumé auprès
des membres de sa famille dans l'église des Cordeliers de
cette ville.

(2) Louis de Lorraine, né le 21 octobre 1527, n'était pas
cardinal à l'époque de son élévation au siége d'Alby, et
signait alors *Loys, évesque d'Albi.* Élevé deux ans plus tard
au cardinalat, il fut désigné dans les actes publics sous ces
titres : « Illustrissime prince Loys, cardinal de Guise, évesque d'Albi, abbé commendataire des abbayes de Saint-Germain, des Trois-Fontaines, de la Buxière, de Saint-Victor
près Paris, etc. » Ce prélat se démit en 1561 de l'évêché
d'Alby, qu'il céda au cardinal Strozzi pour accepter bientôt
l'archevêché de Sens; mais, en 1563, il se démit également
de ce siége en faveur de Nicolas de Pellevé.

L'année 1553, il obtint arrêt au grand conseil portant que ses officiers présideraient à toutes les assemblées publiques d'Albi, verraient, examineraient et clôraient les comptes des consuls de cette ville, et que les consuls ne connaîtraient d'aucune affaire publique, avec la confirmation du contenu aux précédentes transactions et arrêts donnés en faveur des évêques contre les officiers du roi et consuls d'Albi. Après avoir tenu le siége épiscopal d'Albi l'espace de onze ans (1), il mourut l'an 1568, le 9 de mars (2), et fut enterré dans le chœur de son abbaye de Saint-Victor.

Mre Laurent Strozzi, Florentin, cousin de Catherine de Médicis, évêque de Béziers et cardinal du titre de Sainte-Balbine, fut fait évêque d'Albi l'an 1561 (3), et archevêque d'Aix en Provence. La ville d'Albi lui a cette obligation

(1) De 1550 à 1561.

(2) Le 20 mars 1578.

(3) Le cardinal Strozzi, devenu évêque d'Alby par la résignation du cardinal Louis de Lorraine, fit son entrée solennelle dans la ville le 6 octobre 1561. Il résigna le siége d'Alby en 1597, en faveur de son neveu Philippe Rodolphe, pour devenir abbé de Saint-Victor de Marseille ; mais, l'année suivante, il fut appelé à l'archevêché d'Aix, dont il prit possession le 14 avril 1568.

qu'il la préserva de l'hérésie moderne de Calvin
et en chassa généralement ceux qui avaient dessein de l'y introduire et de l'en infecter.

Il fut gouverneur et lieutenant pour le roi aux
diocèses d'Albi, Castres et Lavaur, et fit impo-
ser des deniers pour entretenir des gens de
guerre pour le service de Sa Majesté au diocèse
de Castres, l'an 1562. Il y eut différend avec
les officiers du roi sur ce qu'il avait obtenu de
Sa Majesté portant inhibitions et défenses à eux
de connaître d'aucun crime que des mentionnés
en la transaction passée entre saint Louis et
Mre Bernard de Combret, évêque d'Albi : ces
officiers du roi n'entreprenant pas seulement sur
le criminel, mais encore voulant présider aux
assemblées publiques; de quoi il les fit débouter
par arrêt de l'an 1566.

Le 19 juin 1566, il donna et relâcha à perpétuité aux consuls d'Albi le collége de Sainte-
Gemme, et leur donna cent écus d'or pour le
faire réparer. Il se trouve qu'autrefois le cardinal
d'Armagnac, vice-légat d'Avignon, fut élevé
aux bonnes lettres dans ce collége, et plusieurs
autres grands personnages. Mre Laurent Strozzi
décéda en l'année 1571.

Mre Philippe Rodolphe, fils d'une sœur de
Mre Laurent Strozzi, abbé de Saint-Victor de

Marseille, fut fait évêque d'Albi par la cession de son oncle, l'an 1567. Il mourut l'an 1574, âgé de trente-cinq ans (1).

Mre Julien de Médicis, archevêque florentin, fut premièrement évêque de Béziers, qu'il céda ensuite à Thomas de Bonzi, et archevêque d'Aix, par la cession que lui en fit le cardinal Strozzi, et finalement évêque d'Albi et abbé de Saint-Victor de Marseille, par la mort de Rodolphe en 1574 (2). Il fit son entrée dans Albi avec les mêmes honneurs et cérémonies que ses prédécesseurs évêques, et les consuls lui rendirent l'hommage en tel cas accoutumé (3). Il fit bâtir la grosse tour ronde qui est à Combéfa (4), et

(1) Cét évêque n'était encore que diacre et docteur de l'université d'Avignon, lorsqu'il fut nommé à l'évêché d'Alby en remplacement de son oncle, par une bulle du pape Pie V. Il prit possession de son siège le 10 juin 1568, et mourut le 30 juin 1574.

(2) Julien de Médicis était le troisième de ces prélats italiens qui occupèrent successivement le siége d'Alby. Certains biographes affirment qu'il était fils naturel d'Alexandre de Médicis.

(3) Le 19 mai 1577. Avant cette époque, il avait écrit deux fois aux consuls de la ville pour les prévenir que la maladie et certaines affaires l'empêchaient de se rendre en son évêché *pour y faire le debvoir de sa charge.*

(4) Petite commune de l'arrondissement d'Alby et du canton de Monestiés. Elle possédait un château fort qui fut en partie détruit en 1761 et se trouve aujourd'hui converti en

établit les Pères capucins à Albi l'an 1584. Il
les logea en premier lieu au Château-Vieux,
puis, dans la même année, il les changea au
faubourg du Bout-du-Pont-sur-Tarn, où ils sont
encore à présent. Il fut si fort aimé dans Albi,
que le peuple, averti du voyage qu'il entreprit
pour Marseille, se trouva sur le port de la ville
pour l'empêcher de partir. Il signait en tous
actes : « Julien, archevêque de Médicis, évêque
d'Albi, » en langue italienne (1), et mourut à
Marseille l'an 1588, le 28 de juillet, où il fut
enterré dans son abbaye de Saint-Victor, après
avoir été évêque d'Albi douze ans.

Me Alphonse Delbene, abbé de Haute-Combe,
de l'ordre de Cîteaux, en Savoie, fut fait évêque
d'Albi en 1588 (2). Il ne fit néanmoins son

ferme. La tour, dont parle Boissonnade, subsiste encore :
on la connaît sous le nom de Tour de Médicis.

(1) Ses lettres, toutes écrites en français, se terminent
invariablement par cette formule : *Al piacer vro et come fr*llo.
*L'arciv*o *de Medicis ves*o *d'Alby.*

(2) Alphonse Delbene ou del Bene, descendant d'une famille distinguée originaire de Florence, était petit-fils de
Nicolas del Bene, maître d'hôtel ordinaire du roi Louis XII.
Né à Lyon vers 1538, il fit d'excellentes études et reçut le
bonnet de docteur à l'âge de dix-sept ans. Quelque temps
après avoir été pourvu de l'abbaye de Haute-Combe, le duc
de Savoie le nomma son historiographe, en lui accordant
le titre de sénateur-né du sénat de Savoie.

entrée dans Albi que le dimanche 25 octobre 1598,
à cause du parti de la Ligue que la ville d'Albi
tenait, et de la citadelle que le duc de Joyeuse
avait faite de sa maison de la Verbie (1). Il fut
pour cela se reposer au couvent des frères Pré-
dicateurs, suivant la coutume, d'où il sortit pour
entrer dans la ville, où les consuls lui offrirent
les clefs; et de là, il passa à Saint-Salvi; puis
étant arrivé à son palais épiscopal de la Verbie,
il y reçut l'hommage aux termes des transactions
et des arrêts, comme il a été dit ci-devant.

Lorsqu'il apprit la naissance de Mgr le dauphin Louis le Juste, XIIIe du nom, roi de France,
qui naquit à Fontainebleau le 27 septembre 1601,
il fit faire aussitôt une procession générale en
actions de grâces à Dieu pour son heureuse
naissance, où assistèrent les consuls et habitants
d'Albi. La ville avait habillé de blanc cinq cents
jeunes enfants de l'âge de douze ans et au-
dessous qui portaient les armes du roi et de
Mgr le dauphin. Il fit faire un feu de joie à la
place publique, où le canon joua plusieurs fois,
et l'air retentit des cris d'allégresse de *Vive le roi*

(1) B. de Boissonnade écrit toujours la *Verbie*, mais il
faut évidemment lire la *Besbie*. Le palais épiscopal avait
pris son nom de l'évêque, *lo Bisbe*, et l'on disait généralement *la Besbia* pour désigner l'évêché.

et monseigneur le dauphin! Le soir, les feux d'artifice et la musique finirent cette action.

Il fit rendre des actions de grâces publiques le mois de juillet 1605, sur ce que le roi et la reine revenant de Fontainebleau furent préservés du naufrage, en passant la Seine, où les chevaux du carrosse du roi l'avaient traîné (1).

(1) L'auteur parle ici d'après des renseignements inexacts ; l'événement qu'il signale eut lieu le 9 juin 1606, et arriva au retour de Saint-Germain, et non en revenant de Fontainebleau. « Ce jour (9 juin), dit *l'Etoile*, le roi et la reine « passans au bacq de Nulli (Neuilly) revenans de Saint-« Germain à Paris, et ayant avec eux M. de Vendosme, « faillirent à être noyez tous trois, principalement la reine, « qui but plus qu'elle ne vouloit ; et sans un sien valet de « pied et un gentilhomme nommé La Chataigneraie, qui « la prit par les cheveux, s'étant jetté à corps perdu dans « l'eau pour l'en retirer, couroit fortune inévitable de sa « vie... » Cet accident, dont parlent également de Thou, Dupleix, Mézeray et *le Mercure françois*, fut en partie causé par la pluie, qui empêcha Leurs Majestés de mettre pied à terre : deux chevaux tombèrent dans l'eau et entraînèrent le carrosse après eux. On sait que Henri IV était excellent nageur, et il parvint facilement à se tirer d'affaire ; mais il se remit aussitôt à l'eau pour aider à sauver la reine et le duc de Vendôme. En résumé, cet accident n'eut aucune suite dangereuse, et le roi fut le premier à en rire. Cependant, afin de les éviter à l'avenir, il fit construire un pont qui fut remplacé plus tard par celui que nous voyons aujourd'hui. De son côté, la reine voulut reconnaître le service que lui

Il était fort docte et savant, aimait les savants et les gens de lettres, composa divers volumes en prose et en vers fort édifiants (1), et donna aux habitants d'Albi deux mille livres pour acheter une maison joignant le collége, pour l'agrandir et plus commodément élever la jeunesse aux bonnes lettres. Il mourut soudainement le 8 février l'an 1608, et fut enterré au milieu du chœur de Sainte-Cécile.

Mre Alphonse Delbene, son neveu et coadjuteur, nommé évêque d'*Aurq* par le pape Paul V,

avait rendu La Chataigneraie, en lui donnant une enseigne de pierreries de la valeur de quatre mille écus, une pension annuelle, et en le nommant capitaine de ses gardes.

(1) Alphonse del Bene avait composé dans sa jeunesse une prosopopée imitée de Properce, imprimée dans *le Tombeau*, d'Adrien Turnèbe, Paris, 1565, in-4° ; mais il s'appliqua plus particulièrement à l'histoire, et publia en ce genre plusieurs ouvrages qui méritent d'être consultés. Ces écrits, concernant les maisons de Savoie ou la famille royale de France, traitaient aussi du royaume de Bourgogne et de l'histoire des comtes de Toulouse, et nous savons qu'ils furent tous imprimés de 1581 à 1607. Or, à cette époque, le savant évêque se proposait d'écrire encore, car nous voyons dans le manuscrit du *Tractatus de gente ac familia Marchionum Gothiæ*, qui existe à la bibliothèque publique d'Alby, une dédicace adressée à M. de Verdun, alors sénéchal de Toulouse, dans laquelle Alphonse del Bene dit : « Sachez que je me livre « avec une activité sans égale à la recherche de nos anti- « quités nationales. » Et plus bas il ajoute : « Je travaille

abbé d'*Aubilhès* (1) et grand archidiacre de l'église cathédrale Sainte-Cécile, fut nommé évêque d'Albi, l'an 1608, et sacré le dimanche des Rameaux, 30 mars 1608, dans l'église Sainte-Cécile, par les évêques de Vabres, Cahors, et Nicopoli, coadjuteur de Rhodez.

Il consacra l'église des Pères Capucins et partit aussitôt pour aller en cour prêter le serment de fidélité, d'où étant de retour, sur le différend qui s'émut entre le chapitre de Sainte-Cécile et les consuls d'Albi, concernant la garde des clefs de la porte de fer de la Trevailhe, pour le terminer, il les prit des mains du chapitre, comme seigneur haut justicier de la ville, et les bailla aux consuls, à la charge de les tenir comme celles des autres portes et de lui rendre toutes et quantes fois qu'il les en requerrait; de

« dans ce moment à l'*Histoire des Albigeois*, et j'ai l'inten-
« tion de la publier sous vos auspices, si ma santé chance-
« lante me le permet. »

(1) Alphonse II del Bene était abbé de Saint-Pierre *d'Hautvilliers*, au diocèse de Reims; mais je ne trouve aucune trace de la nomination de ce prélat à un évêché, avant celle qui le mit en possession du diocèse d'Alby Du reste, le nom d'*Aurq*, désigné par l'auteur, m'est complétement inconnu. Peut-être faut-il *Areq* pour *Arequita*, évêché suffragant de Lima, dans le Pérou, qui fut effectivement créé par Paul V en 1605?

quoi il y a acte retenu par Caldaguès, notaire, de la même année 1608. Ensuite il prit grand soin de faire réparer la fontaine de Verdusse, dont la source avait presque tari (1).

Cet évêque fit célébrer les honneurs du roi Henri IV, tué le 14 mai 1610, dans l'église cathédrale Sainte-Cécile, où assistèrent le clergé, les magistrats et tout le peuple.

L'an 1612 et le 22 juin, M. le duc de Montmorency, ami particulier de Mre Delbene, ayant fait son entrée de gouverneur dans Albi, fut traité de lui fort magnifiquement avec toute sa suite pendant quatre ou cinq jours, et M. Delbene fit faire alors le jeu de mail, qui est dans le fossé de la ville, à sa considération.

Il procura à la ville d'Albi, des États de la province de Languedoc, une gratification de douze mille livres qu'il fit employer à la réparation de la porte du Tarn, et la fit mettre en l'état qu'on la voit à présent.

Cet évêque fit résoudre dans l'assemblée générale du pays d'Albigeois le rachat de la baronnie de Lombers, que M. le vicomte de Panat possédait, pour six mille six cents livres, qu'on lui assigna; et, pour l'en tirer, M. Delbene fit

(1) L'existence de cette fontaine ne remontait pas encore à un siècle : elle avait été construite en 1527.

assiéger la ville de Lombers et racheter la châ-
tellenie tenue par Saint-Michel, qui en était
pourvu, à qui il fut payé quinze mille livres de
l'argent du diocèse.

Le 29 mars 1618, l'église Sainte-Cécile, par
ses ordres, cessa de chanter en musique la partie
appelée *la Synagogue* en la passion, comme il
était de coutume fort ancienne dans Albi. Il mit
d'accord le chapitre de Sainte-Cécile et la ville
d'Albi, qui avaient plaidé cent huit ans concernant l'imposition des tailles, et leur fit transiger
ce différend en l'année 1620.

Il fit de grandes dépenses pendant les mouve-
ments de ceux de la religion prétendue réfor-
mée (1), et parut en toutes rencontres, pendant
ce temps-là, très-zélé pour le service du roi,
jusque-là que la cavalerie légère de France étant

(1) Il fournit quatre compagnies, d'autres disent un régi-
ment de mille fantassins, au duc d'Angoulême envoyé dans
l'Albigeois pour combattre le duc de Rohan. Le 15 juillet 1622,
Benjamin de Rohan, sieur de Soubise, fut déclaré criminel
de lèse-majesté au premier chef, et ses biens acquis, con-
fisqués et réunis au domaine royal. Cette déclaration du roi
fut vérifiée en parlement le 4 août suivant; mais au mois
d'octobre de la même année, les deux frères Rohan et Soubise traitèrent de la reddition avec Louis XIII, qui leur
donna des pensions, leur fit compter de fortes sommes d'argent, et leur accorda en outre le gouvernement de plusieurs
places.

logée dans le diocèse d'Albi pendant le siége de Montauban, il tint aussi, durant ce temps, une table de trente couverts où tous les chefs de cette cavalerie étaient ordinairement reçus à ses dépens.

L'année 1622, le roi honora de sa présence les États de la province de Languedoc, tenus à Beaucaire (1), où cet évêque se trouva. Il s'y fit remarquer pour un des puissants évêques de cette province, tant à cause de son intelligence aux affaires que pour ses libéralités ; ce qui fut cause que le roi lui donna deux brevets, l'un de gouverneur d'Albi et l'autre de conseiller au parlement de Tholose, cour des comptes, aides et finances de Montpellier ; mais il ne voulut point s'en servir, pour n'altérer pas les anciens ordres de ces cours et pour ne point choquer M. le duc de Ventadour, alors lieutenant du roi en Languedoc.

Le 29 mai 1623, il établit le collége des Pères Jésuites dans Albi et leur fit donner trois mille

---

(1) Louis XIII étant à Arles, le 3 octobre 1622, avait or-donné que les États du Languedoc s'assembleraient à Beau-caire le 7 novembre. Il voulait en faire lui-même l'ouverture ; mais n'ayant pu s'y trouver ce jour-là, ce fut le duc de Ven-tadour qui ouvrit les États, dans l'église des Cordeliers. Le roi ne put arriver à Beaucaire, et n'assista à la séance des États que le 15 novembre.

livres de rente pour faire l'éducation et instruc-
tion de la jeunesse : quinze cents livres par la
ville et quinze cents livres par le diocèse. Et lui,
il leur promit mille livres de rente en bénéfices,
pour faire l'enseignement de la philosophie;
pour quoi faire, il leur donna le prieuré de Saint-
Affric en témoin de sa promesse.

L'an 1628, il entreprit à ses dépens le siége
de Réalmont, en Albigeois, que le prince de
Condé fit, prit et remit à l'obéissance du roi (1).
Il fit faire un jeu de paume dans la ville d'Albi, et
fit planter les ormeaux qui sont autour des fossés.

Il fut choisi commissaire par le roi pour procéder à la démolition des fortifications de Castres,
ce dont il s'acquitta très-dignement. Il fit acheter
par son diocèse, à raison de seize mille livres,
les canons, armes et munitions de guerre des
villes de Castres et Puylaurens, dont le tout fut
porté dans sa maison épiscopale de la Verbie, où
il en fit faire un arsenal; et le conseil lui ayant
taxé ses vacations à cette commission douze

---

(1) Condé avait investi la place le 15 avril; trois jours
après il fit commencer les attaques, et le 30 du même mois,
Maugis, gouverneur de Réalmont, demanda à capituler. Le
prince fit son entrée dans la ville le 1er mai, et on y célébra
aussitôt la messe, « qui en avait été bannie depuis le 21 janvier 1561. » (SOULIER, Hist. du progrès du calvinisme, t. I,
p. 32 et seq.)

mille livres, il en donna six mille aux Pères
Jésuites et six mille aux Pères Capucins, pour
construire leurs églises.

La peste étant fort échauffée en divers lieux
de son diocèse, et surtout dans sa ville, aux
années 1630 et 1631 (1), il fit assister beaucoup
de villages et bourgs par le général du diocèse;
et lui, il prit soin de faire désinfecter la ville, et
donna cent pistoles du sien au Père Hermite de
Saint-Guillem-du Désert, qui l'entreprit et s'en
acquitta dignement.

Cet évêque était très-puissant sur l'esprit du
duc de Montmorency, et zélé pour le service du
roi. Il aimait son diocèse, et particulièrement la
ville d'Albi, était homme d'intrigue et libéral,
ce qui lui acquit beaucoup d'amis; il embrassait
avec ardeur les intérêts de la province et allait
toujours au bien.

Toutefois, avec tant de bonnes qualités, son
malheur voulut qu'il présidât à la délibération,
qui déplut au roi, tenue à Pézénas le 22 juillet
1632 (2), et que, s'étant embarqué dans les

(1) « C'est alors, dit M. Crozes, que les consuls firent un
« vœu à Notre-Dame de *la Drèche*, par lequel la ville donna
« une lampe d'argent de la valeur de 400 livres, pour être
« allumée à perpétuité devant l'image de la Vierge. » *Mo-
nographie de la cathédrale d'Albi*, 2e éd., p. 220.

(2) En lisant cette phrase on pourrait croire qu'Alphonse

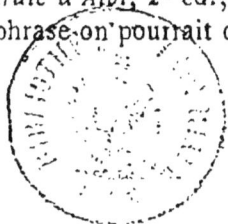

factions du duc de Montmorency, il reçut dans
Albi le comte de Moret et les troupes rebelles
aux ordres du roi.

Les habitants d'Albi, qui ne contribuèrent en
rien à cette partialité, par une grâce spéciale de
Dieu, avec l'assistance qu'ils reçurent de feu
M. le maréchal de Schomberg, qu'on n'appelait
encore que M. le comte de Schomberg, lieutenant général pour le roi dans la province, pri-
rent généreusement les armes contre leur évêque
pour le service du roi, et le firent sortir de la
ville avec toutes ses troupes, le 4 septembre 1632,
et remirent la ville à l'obéissance de Sa Majesté (1).
M. le comte de Schomberg reçut leurs soumis-
sions et les clefs de la ville à Castanet-lez-Tou-
louse, conduisant le duc de Montmorenci prisonnier de Castelnaudary à Lectoure (2).

del Bene présida l'assemblée des États du Languedoc. C'était
Claude de Rebé, archevêque de Narbonne, qui présidait
alors ; mais l'évêque d'Alby entraîna les membres de l'assemblée « à se joindre au duc de Montmorency, à lui faire
« l'octroi ordinaire, et à lui donner pouvoir d'assembler les
« États toutes fois et quantes qu'il le jugerait à propos. »

(1) Il est bon de rappeler ici que le duc de Montmorency
avait été fait prisonnier au combat de Castelnaudary, le
1er septembre.

(2) Le duc de Montmorency fut ensuite conduit par le
marquis de Brezé à Toulouse, où il arriva le 27 octobre. Il

Sa Majesté Louis XIII, s'étant acheminée dans la province, fit à Béziers l'ouverture des États, où, comme roi et père commun de ses sujets, il donna ce célèbre édit du mois d'octobre 1632 (1), établit la paix de Languedoc, et rétablit la province dans ses anciennes libertés et priviléges, pardonna les coupables, abolissant leurs crimes par une amnistie générale, à la réserve de cinq ou six des principaux, dont l'évêque d'Albi en fut l'un.

Au bruit de l'arrivée du roi dans la province, l'évêque d'Albi, qui s'était retiré à Béziers, se sauva en Espagne, d'où il passa en Italie, et, après la mort du cardinal de Richelieu, revint à Paris.

Le procès lui fut fait par des juges délégués ou subdélégués du Saint-Siége, et l'évêque de Saint-Flour, qui en était un, fut deux fois à Albi pour en faire la procédure : l'une et la première, pour informer contre lui; et l'autre pour faire

---

fut aussitôt jugé, condamné à perdre la tête, et exécuté dans la cour de l'Hôtel-de-Ville le 30 octobre 1632.

(1) L'ouverture des États de Languedoc eut lieu le 11 octobre, et l'édit dont il est ici question concernait la tenue des États et la levée des impositions. Louis XIII y prétendait soulager la province, et il doubla ou tripla les impôts, sans compter les quatre à cinq millions qu'elle fut obligée de payer. — *Histoire générale du Languedoc*, t. V, p. 596.

le recollement des témoins, en telle manière que
le 19ᵉ jour du mois de juillet de l'an 1634, par
une troisième sentence (1), suivant les formes
canoniques, il fut déclaré vrai contumax et criminel de lèze-majesté, et, pour la réparation de
ce crime, il fut privé de son évêché, ses autres
bénéfices déclarés impétrables, et lui indigne
d'en posséder d'autres à l'avenir, et condamné
en des amendes applicables en œuvres pies (2).

M. Gaspard de Daillon de Lude, évêque et
comte d'Agen, abbé de Chatilier (3), prieur de

(1) M. Compayré, dans ses *Études historiques et documents inédits sur l'Albigeois*, *le Castrais et l'ancien diocèse de Lavaur*, a publié la traduction de la sentence pro-
noncée contre Alphonse II del Bene. Elle fut rendue à Paris,
dans le couvent des Augustins, le 19 juillet 1634. Dom
Vaissette nous avait déjà fait connaître le texte de cet arrêt,
d'après un manuscrit de la Bibliothèque du roi.

(2) Alphonse del Bene, rentré en France après la mort du
cardinal de Richelieu, en appela à l'assemblée générale du
clergé, tenue en 1650, de la sentence rendue contre lui.
L'assemblée examina sa requête, nomma des commissaires
pour reviser le procès, et écrivit au pape pour se plaindre
du jugement prononcé par les délégués du Saint-Siége; mais
cette affaire ne put avoir aucune suite, par une cause toute
naturelle : l'ex-évêque d'Alby mourut à Paris le 9 janvier
1651, à l'âge de soixante et onze ans : il fut inhumé dans
l'église du Temple de l'ordre des chevaliers de Malte.

(3) Notre-Dame des Chasteliers, abbaye de l'ordre de
Cîteaux, du diocèse de Poitiers.

Chant-l'Hermitage, seigneur et baron de Montel, de Jalas et des Fourneaux, fut nommé par le roi Louis le Juste, XIIIe du nom, évêque d'Albi, le 10 octobre 1634, pendant la vie de M. Alphonse Delbene, en suite de la sentence définitive donnée contre lui. Il fut à Rome, où les bulles lui furent expédiées le 28 janvier 1636.

Il prit possession de son évêché d'Albi au mois de mars 1637, et fit son entrée ce jour, à la porte du Vigan (1), avec une joie et allégresse incroyables de tous les habitants d'Albi, qui en firent des feux de joie dans la ville et au devant de l'évêché du dernier évêque d'Albi, qui depuis a été érigé en archevêché par la promotion à cette dignité de M. Hyacinthe de Serroni (2), ci-devant évêque de Mende, et qui l'avait été premièrement d'Orange, de la nation italienne,

(1) Gaspard de Daillon du Lude fit son entrée solennelle dans la ville d'Alby le 9 mars 1637. Ce prélat, qui fit beaucoup de bien à son Église, mourut le 25 juillet 1676, et fut inhumé dans le chœur de la cathédrale, au devant de la chaire épiscopale. Il avait fait toutes les démarches et tous les actes nécessaires pour l'érection de l'évêché en archevêché ; mais il ne put en profiter, la bulle n'ayant été signée par Innocent XI que le 7 août 1676.

(2) Hyacinthe Serroni, premier archevêque d'Alby, était né à Rome en 1617, et avait été conduit en France par le Père Michel Mazarin, frère du cardinal Jules Mazarin. Ce prélat prit possession de son siége le 22 février 1679.

et religieux de l'ordre de Saint–Dominique, qui
tient à présent le siége d'Albi (1).

Tout ce que dessus a été fait par Me Bernard
de Boissonnade, docteur et avocat au parlement
de Tholose, et écrit de sa propre main, et lais
entre les mains de Me André Hébrard, prêtre
hebdomadier de la susdite église métropolitaine
d'Albi, pour gage de son amitié.

Le 14 juin de la susdite année 1684.

HÉBRARD.

(1) Il mourut à Paris le 7 janvier 1687, et fut enseveli dans
l'église du noviciat des Dominicains du faubourg Saint-Germain, dont il avait posé la première pierre. Son cœur fut
porté à Alby, et reçu avec les témoignages du plus profond
respect et de la plus grande reconnaissance par le chapitre
de la cathédrale, qu'il avait institué héritier de tous ses
biens.

ACADÉMIE DES BIBLIOPHILES

Société libre

POUR LA PUBLICATION A PETIT NOMBRE DE LIVRES
RARES OU CURIEUX.

—

Membres du Conseil pendant l'année 1867-1868.

MM. Paul CHÉRON. — H. COCHERIS. — Jules COUSIN.
— Pierre JANNET. — Louis LACOUR. — Lorédan LARCHEY.
— Anatole de MONTAIGLON. — Charles READ. — Le baron
O. DE WATTEVILLE.

Collection-de la Compagnie.

1. DE LA BIBLIOMANIE, par Bollioud - Mermet. In-
16.   5   »

2. LETTRES A CÉSAR, par Salluste. In-32. . .   2   »

3. LA SEIZIESME JOYE DE MARIAGE. In-16. .   2   »

4. LE TESTAMENT POLITIQUE DU DUC CHARLES DE
LORRAINE. Publication d'Anatole de Montaiglon.
In-18. . . . .   3 50

5. LES BAISERS DE JEAN SECOND. In-32. . . .   2

6. LA SEMONCE DES COQUUS DE PARIS EN MAY 1535
Publication d'Anatole de Montaiglon. In-18.   2   »

7. LES NOMS DES CURIEUX DE PARIS. In-18.   1 50

8. LES DEUX TESTAMENTS DE VILLON. In-8º tel-
lière. . . . . 7 »

9. LES CHAPEAUX DE CASTOR. In-18. . . . . . 1 »

10. LE CONGRÈS DES FEMMES, par Érasme. In-
32. . . . . 1 »

11. LA FILLE ENNEMIE DU MARIAGE ET REPENTANTE,
par Érasme. In-32. . . . . 2 »

12. TRAITÉ DE SAINT BERNARD. — DE L'AMOUR DE
DIEU. Publication de P. Jannet. In-8º tel-
lière. . . . . 5 »

13. ŒUVRES DE REGNIER. Édition de Louis Lacour.
In-8. . . . . 20 »

14. LE MARIAGE, par Érasme. Traduction V. Develay.
In-32. . . . . 2 »

15. LE COMTE DE CLERMONT, sa cour et ses maîtresses,
publié par Jules Cousin. 2 vol. in-18. . . 10 »

16. LA SORBONNE ET LES GAZETIERS, par Jules Janin.
In-32. . . . . 2 »

17. L'EMPIRIQUE, publié par Louis Lacour. In-
18. . . . . 2 »

18. LA PRINCESSE DE GUÉMÉNÉE ET LE DUC DE CHOI-
SEUL. In-18. . . . . 2 »

19. LES PRÉCIEUSES RIDICULES, de Molière. Reproduction textuelle de la première édition, par Louis
Lacour. In-18. . . . . 5 »

20. LES RABELAIS, de Huet. In 16. . . . . . . 3 »

21. Description naïve et sensible de Sainte-Cécile d'Alby, nouvelle édition publiée M. d'Auriac. In-16. 5   »

22. L'Apocoloquintose, facétie sur la mort de l'empereur Claude, par Sénèque, traduction nouvelle par M. Victor Develay. In-32. 2   »

On peut se procurer gratuitement les Statuts à la librairie de la Compagnie, rue de la Bourse, 10, à Paris.

Achevé d'imprimer

PAR D. JOUAUST

pour l'Académie des Bibliophiles

LE 20 SEPTEMBRE M DCCC LXVII

A PARIS

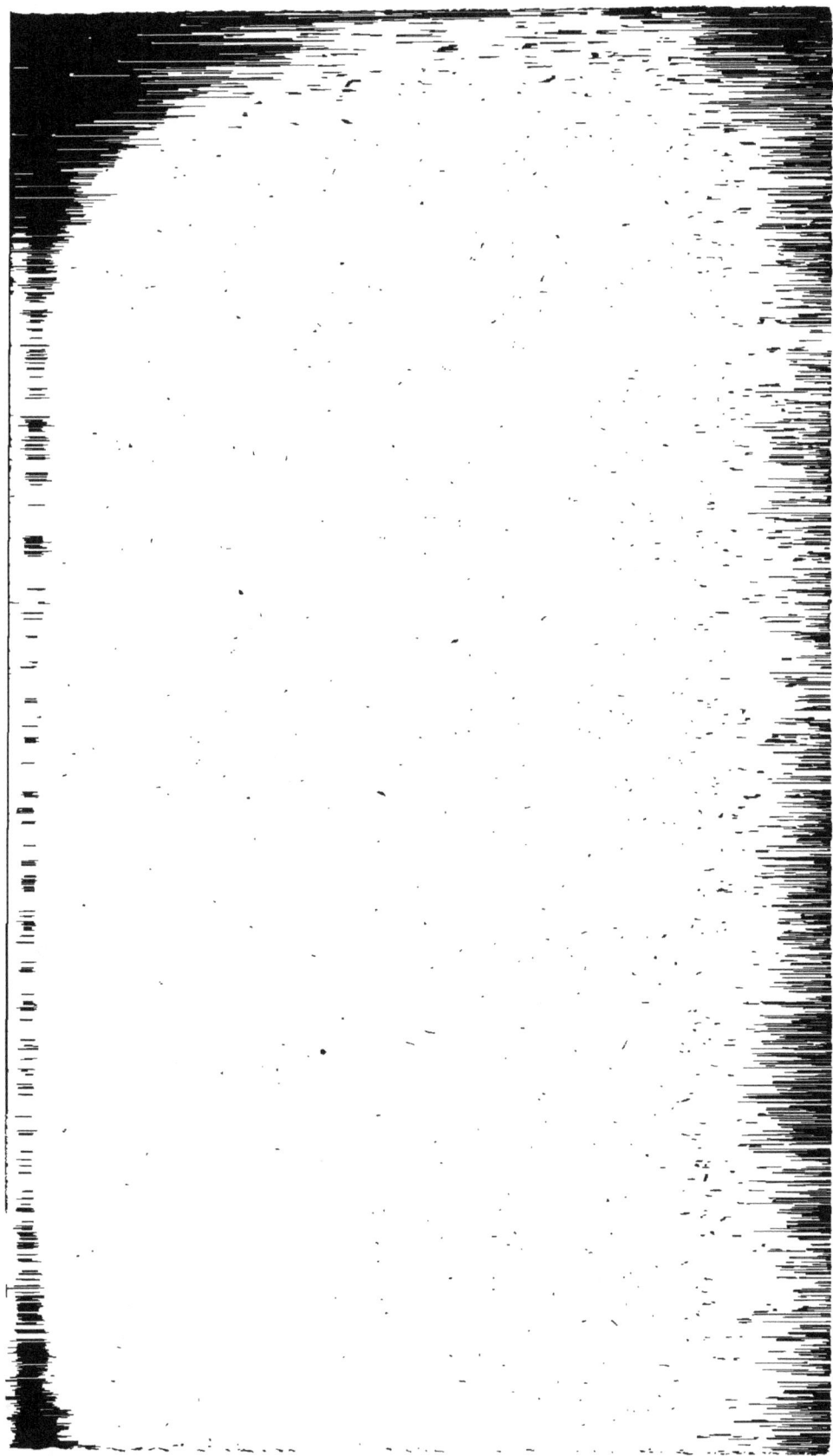

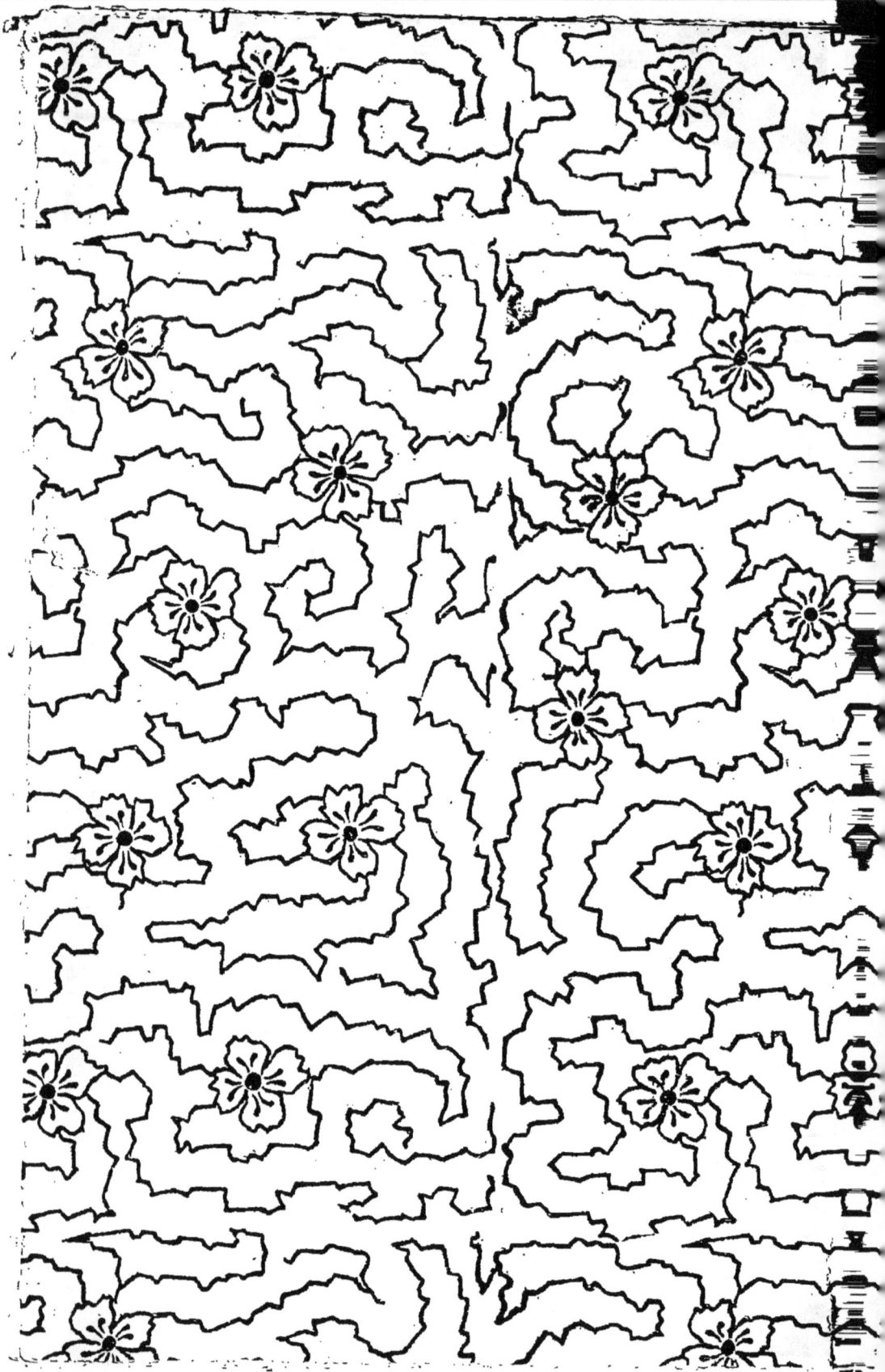

www.ingramcontent.com/pod-product-compliance
Lightning Source LLC
Chambersburg PA
CBHW070945100426
42738CB00010BA/2162